B   EPARS

EN DROIT ROMAIN

DANS L'ANCIENNE JURISPRUDENCE

ET EN DROIT MODERNE

THÈSE

PRÉSENTÉE A LA FACULTE DE DROIT

POUR OBTENIR LE GRADE DE DOCTEUR

Soutenue le Samedi 1er août 1863, à 2 heures 1|2 du soir,

DANS LA SALLE DES ACTES PUBLICS DE LA FACULTÉ

PAR

Alfred ORILLARD,

Avocat à Poitiers.

POITIERS,

IMPRIMERIE DE A. DUPRE,

Rue de la Mairie, 10.

1863.

DES

ARBRES ÉPARS

EN DROIT ROMAIN

DANS L'ANCIENNE JURISPRUDENCE

ET EN DROIT MODERNE.

THÈSE

PRÉSENTÉE A LA FACULTE DE DROIT

POUR OBTENIR LE GRADE DE DOCTEUR

ET

Soutenue le Samedi 1er août 1863, à 2 heures 1|2 du soir,

DANS LA SALLE DES ACTES PUBLICS DE LA FACULTÉ,

PAR

Alfred ORILLARD,

Avocat à Poitiers.

POITIERS,

IMPRIMERIE DE A. DUPRÉ,

Rue de la Mairie, 10.

1863.

Les visas exigés par les règlements sont une garantie des principes et des opinions relatives à la religion, à l'ordre public et aux bonnes mœurs (statut du 9 avril 1825, art. 41), mais non des opinions purement juridiques, dont la responsabilité est laissée au candidat.

Le candidat répondra en outre aux questions qui lui seront faites sur les autres matières de l'enseignement.

A MES PARENTS.

A MES AMIS

DES A⋯ES ÉPARS

EN DROIT ROMAIN,

DANS L'ANCIENNE JURISPRUDENCE ET EN DROIT MODERNE.

———

On doit réfléchir pour bâtir, et non pour planter. (Caton, *De re rustica*)

NOTIONS PRÉLIMINAIRES.

Les dieux des païens, nous dit Phèdre, choisirent autre-fois les arbres qu'ils voulaient prendre sous leur protection. Jupiter prit le chêne ; Vénus, le myrthe ; Apollon, le lau-rier ; Cybelle, le pin ; Minerve, l'olivier ; Bacchus, le lierre.

Les hommes, frappés sans doute par la grandeur et la magnificence de l'arbre, et aussi par le sentiment de reconnaissance pour les biens qu'ils en retiraient, révérè-rent, eux aussi, ces végétaux, un des plus riches présents de la nature. Ils les regardaient comme les temples de quelque divinité bienfaisante : *Silentes lucos et in his ipsa silentia adoramus.* (Pline.) Ovide nous parle d'une nymphe qui logeait dans un arbre ; Horace voue un pin à Diane, et s'engage à lui faire un sacrifice tous les ans.

Les anciens Germains sont animés de la même vénéra-tion : *Lucos et nemora consecrant, deorumque nominibus appellant secretum illud quod sola reverentia vident.* (Tacite, De mor. Germ., cap. 9.)

Cette idolâtrie fut la plus difficile à détruire parmi les premiers chrétiens; il ne fallut rien moins que le concours de l'autorité religieuse et de la puissance du souverain pour y parvenir. Les Gaulois, livrés à leurs druides, offraient leurs hommages aux arbres sacrés. Le concile d'Auxerre (3ᵉ canon) est venu défendre de pareils vœux : *Non licet ad arbores sacrivos vel ad fontes vota exsolvere.* Pareille prohibition était contenue dans le 22ᵉ canon du second concile de Tours. Le 20ᵉ canon du concile d'Arles prononce contre le prêtre qui a négligé de détruire les arbres sacrés la peine de l'excommunication : *Si... aut arbores, aut fontes, aut saxa.... eruere neglexerit.... admonitus.... communione privetur* (1).

Charlemagne, dans un capitulaire de l'an 789, veut que le noble qui sera convaincu d'avoir fait des vœux sacriléges à des fontaines ou à des *arbres* soit condamné à 60 sous d'amende, l'homme libre à 15 sous; ils étaient obligés à servir l'Église jusqu'à ce qu'ils aient payé. (Baluzius, t. 1, p. 254.)

Ce n'est pas à ce seul point de vue que les législations anciennes se sont occupées des arbres. Leur nécessité pour les besoins de la vie humaine devait attirer toute l'attention des législateurs prévoyants. Le poëte l'a dit :

> .... « Il servait de refuge
> » Contre le chaud, la pluie et la fureur des vents.
> » Pour nous seuls, il ornait les jardins et les champs.
> » L'ombrage n'était pas le seul bien qu'il sût faire ;
> » Il courbait sous les fruits. Cependant, pour salaire,

(1) Lindenbrogius in glossario, p. 1357; Baluzius, t. 1, p. 1074.

» Un rustre l'abattait ; c'était là son loyer ;
» Quoique, pendant tout l'an, libéral, il nous donne
» Ou des fleurs au printemps, ou du fruit en automne ;
» L'ombre, l'été ; l'hiver, les plaisirs du foyer.
» Que ne l'émondait-on, sans prendre la cognée ? »

C'est donc avec raison que, chez tous les peuples, la culture, l'entretien et la conservation des arbres ont été l'objet de nombreuses dispositions législatives.

Nous n'allons étudier que celles qui concernent les arbres isolés dans les propriétés particulières et les arbres plantés sur les chemins publics ; nous examinerons les lois romaines, si rigoureuses et si précises ; nous analyserons les règlements si variés et si confus de nos anciennes coutumes ; nous commenterons la législation du Code Napoléon, dont l'insuffisance, nous l'espérons du moins, ne tardera pas à disparaître par la promulgation du nouveau Code rural.

PREMIÈRE PARTIE.

DROIT ROMAIN.

De arboribus cædendis, 43, 27. — De arboribus furtim cæsis, 47, 7.

CHAPITRE PREMIER.

DE LA DISTANCE A OBSERVER DANS LES PLANTATIONS.

Solon avait défendu de planter les oliviers et les figuiers à une distance moindre de 9 pieds du fonds voisin ; il tolérait les autres arbres à une distance de 5 pieds.

Cette loi a été reproduite par Gaius dans son commentaire sur les XII Tables, et elle est devenue la loi 13, D. *Finium regund.*

Si le législateur grec et le législateur romain sont arrivés au même résultat, il faut dire qu'ils y avaient été poussés par des motifs différents. Solon avait compris cette règle d'intérêt général qui doit protéger les productions de la terre et écarter tous les obstacles qui peuvent nuire à sa fécondité. Sa pensée, comme nous la révèle Plutarque (Vie de Solon), avait été d'empêcher qu'un arbre n'enlevât de la nourriture à un arbre voisin. Il était logique avec lui-même en prescrivant une plus grande distance pour la plantation de l'olivier et du figuier : ces arbres ont des racines très·vivaces, qui s'étendent fort loin, et qui auraient pu causer beaucoup de dommage.

Les décemvirs, en adoptant les règles suivies jadis à Athènes, paraissent avoir été guidés par un sentiment différent. Ils tenaient beaucoup à avoir des propriétés dont les limites fussent bien tranchées; ils avaient laissé entre les champs un espace suffisant pour passer la charrue et pour se promener à cheval. Différentes lois avaient fixé à 5 pieds cet espace vide. Godefroy, en paraphrasant un fragment de la loi des XII Tables qui était relatif à cette mesure, nous dit : *Spatium quinque pedum (quod vacuum inter duos agros erat ad accessum et circumductum aratri) usucapere jus non esto.*

Mais, en adoptant la distance de 9 pieds pour les oliviers et figuiers, ils avaient aussi tenu compte de l'intérêt de l'agriculture, d'une manière moins formelle que le législateur grec.

Les Romains s'étaient encore servis des arbres pour marquer la limite de leurs possessions. Justinien les appelle *arbores finales* (I., § 6, t. 17, l. 4); Siculus Flaccus et Aggenus Urbicus, *notatæ*, *intactæ*, *antemissæ*. Le premier nous dit qu'on employait des pins, des cyprès, des frênes ou des peupliers. On y appliquait d'un côté des marques caractéristiques pour prouver qu'ils appartenaient en entier au propriétaire du terrain situé du côté opposé à ces marques. Le deuxième recommande de voir de quel côté les arbres sont marqués; si les arbres sont marqués au milieu, cela prouve qu'ils appartiennent en commun aux deux propriétaires (1).

Une distance plus grande devait être observée quand on

(1) Siculus Flaccus, de Condit. agr., p. 4, 8, 9; Aggenus ad Frontinum, de Limit., p. 68.

plantait un arbre près d'un aqueduc. La loi 5, *de aquæ-ducto*, au Code, ordonne de laisser un intervalle de 15 pieds. On voulait empêcher le dommage que les racines pourraient causer aux aqueducs, et si elles avançaient dans cet espace de 15 pieds, le juge pouvait ordonner qu'elles fussent coupées.

On ne pouvait, à Rome, se prévaloir d'une longue possession d'un arbre pour le maintenir en deçà de la distance prescrite par la loi.

L'espace qui devait rester libre entre les champs n'était pas d'abord susceptible d'être usucapé. La croissance naturelle de l'arbre, le *motus naturalis*, en eût d'ailleurs été un empêchement. La loi 7, D. *de serv. præd. urb.*, peut nous en fournir la preuve.

Un propriétaire a une servitude sur la maison voisine; peut-il faire arracher l'arbre que le voisin vient de planter sur sa maison? Il faut distinguer quelle est la nature de cette servitude : est-ce une servitude *altius non tollendi?* le voisin peut planter des arbres et leur laisser atteindre tout leur développement. La servitude *altius non tollendi* n'a trait, en effet, qu'à l'élévation d'un édifice; on ne peut, dans l'hypothèse présente, assimiler l'arbre à un édifice.

Il faudrait donner une solution contraire, au cas où le propriétaire eût eu une servitude de prospect sur la maison voisine. Il serait alors en droit de faire arracher cet arbre, et il aurait ce droit alors même que le voisin eût possédé cet arbre pendant le temps voulu pour l'usucapion. C'est ainsi que nous allons arriver à pouvoir tirer un argument d'analogie de la loi 7, *de serv.*, qui servira à démontrer la vérité de ce que nous disions plus haut, à savoir, que l'on ne peut se servir de l'usucapion pour conserver un arbre à une distance moindre que celle voulue par la loi.

Si nous supposons un fonds grevé d'une servitude au

profit d'un fonds voisin, nous devons exiger de lui trois conditions pour qu'il ait conquis sa liberté et qu'il soit affranchi de la servitude : il faut que le propriétaire ait fait un acte contraire à la servitude, qu'il ait possédé l'obstacle pendant le temps voulu pour l'usucapion, et que cet obstacle réunisse de plus la condition de continuité, qu'il ait été placé à perpétuelle demeure.

J'ai une servitude de vue sur votre fonds ; je tiens mes fenêtres fermées ; vous bâtissez, ou vous élevez un mur ; vous le possédez pendant le temps voulu pour l'usucapion : j'ai perdu ma servitude. (L. 6, D. *de serv. præd. urb.*) La maison ou le mur que vous avez construit réunissait bien les conditions voulues pour faire acquérir à un fonds sa libération de la servitude.

Si, dans cette hypothèse, le voisin avait planté un arbre au lieu de construire son mur, il ne pourrait plus alors invoquer l'usucapion. L'arbre n'est pas, comme la maison, susceptible de possession continue ; sa croissance journalière en sera toujours l'obstacle. L'arbre d'aujourd'hui n'est pas le même que celui d'hier : il a de plus un accroissement de branches ou de tige, insensible, il est vrai, mais suffisant pour faire dire aux jurisconsultes romains : *Quia non ita in suo statu et loco maneret arbor, quemadmodum paries, propter motum naturalem.* Ces mots, *motus naturalis,* avaient même été l'objet d'une certaine controverse. Accurse, Duaren entendaient par là l'agitation du vent, l'impulsion qu'il donne aux branches ; Aristote, Macrobe (l. 2, *in Som. Scip.*, cap. 14) les faisaient rapporter à sa croissance ; d'autres, comme Otto, les interprétaient en disant que l'arbre peut être replanté, arraché, transféré d'un lieu à un autre. Mais tous étaient d'accord sur le caractère de mobilité que possède l'arbre, à la différence d'un mur ou d'une maison. N'est-il pas, du reste, dans la nature même de l'arbre de périr? N'est-il pas, au contraire, dans la nature de la maison de subsister et d'être établie à perpétuelle demeure? La distinction est donc logique; il faut dire aussi que l'arbre ne réunit pas les conditions suffisantes pour faire acquérir à son propriétaire le droit de le conserver à une distance moindre que la distance légale.

CHAPITRE II.

DE L'INTERDIT *de arboribus cædendis*.

DES BRANCHES ET DES RACINES.

SECTION PREMIÈRE.

Des branches.

Il peut arriver qu'un arbre planté à la distance légale projette ses branches sur l'héritage voisin. Un pareil état de choses, contraire au droit du propriétaire, nuisible aux intérêts de l'agriculture, devait frapper l'attention du législateur romain. La prévoyante sagacité des décemvirs y avait apporté un remède énergique, et nous avons le regret de dire que, sur ce point, la législation romaine a poussé sa sollicitude plus loin que la législation française.

Ulpien et Pomponius, dans la loi 1, § 8, et loi 2, D. *de arboribus cædendis*, nous ont conservé le sens de cette loi des XII Tables, dont on rétablit ainsi le texte : *Sei arbos endo vicini fundom endo pendet XV pedibus altius subtucator* (table 8, loi 7).

La loi 1, § 7, D. *de arb. cæd.*, et Paul, l. 8, *Sent.*, table 6, § 3, confirment également la disposition de cette loi.

Les préteurs insérèrent cette loi décemvirale dans leurs édits, et de là est venu l'interdit *de arboribus cædendis*.

Une distinction avait été faite entre l'arbre qui projette

ses rameaux sur un champ et celui qui les envoie sur une maison.

Deux interdits avaient pourvu à cette double répression.

Primitivement, ils s'appelaient : *de arboribus collucandis* et *de arboribus sublucandis.* On a dit plus tard *de arboribus adimendis* et *de arboribus coercendis.*

Nous devons donner quelques explications sur ces expressions :

Sublucare arbores, suivant Festus, c'est *ramos earum supputare et veluti subtus lucem mittere ;* c'est ébrancher, c'est élaguer. *Conlucare,* au contraire, signifie couper radicalement : c'est *succisis arboribus locum luce implere.* Saumaise, d'après l'autorité de quelques grammairiens, prétend que *conlucare* ne doit s'entendre que d'arbres ébranchés. Festus se sert, au contraire, des mots *succisis arboribus,* pour expliquer l'expression *conlucare.* Or, Pline dit positivement (*Hist. nat.,* lib. 16, cap. 12) qu'un arbre *succiditur,* lorsqu'on l'arrache avec ses racines. Il vaut donc mieux s'en tenir à l'explication de Festus.

Quand s'appliquera l'interdit *de arboribus sublucandis ?* quand s'appliquera l'interdit *de arboribus collucandis ?*

Le premier trouve sa raison d'être quand l'arbre projette ses branches sur un champ ; le deuxième, quand il les projette sur une maison. Cette distinction, qui résulte des termes mêmes des interdits, est encore rappelée dans la loi première, Cod. *de interdictis.* La raison la justifie : on doit couper l'arbre tout entier lorsqu'il étend ses branches sur ma maison ; l'arbre tout entier me nuit soit par ses racines, soit par ses fleurs ou ses feuilles que le vent peut jeter sur ma maison ; elles peuvent obstruer les conduits et empêcher l'eau de couler librement ; ce motif suffit au législateur romain pour lui faire ordonner de couper l'arbre en entier. Lorsque l'arbre projette ses branches sur un champ, elles nuisent par leur ombrage ; on a donc le droit de les faire couper, mais seulement jusqu'à une hauteur de quinze pieds. Dans l'usage, si l'on en croit Voet (*ad Pandectas, hoc tit.*), la disposition qui permet de faire couper l'arbre en entier n'était pas mise à exécution ; on se contentait de faire couper les branches qui portaient dommage au voisin. (Groenewegen, ad. l. 1, D. *de arb. cæd.*)

Ces expressions rigoureuses ont de l'importance pour l'application de l'interdit. Aussi ne doit-on pas s'y méprendre. Cujas (t. 7, c. 466, B-C) reproche à Accurse de n'avoir pas saisi cette distinction. Accurse avait dit que les arbres étaient coupés (*succidi*) à cause de leur ombre. Ce n'est pas exact, dit Cujas ; on ne peut agir en droit pour faire couper les arbres à cause de leur ombre ; on peut seulement agir *ut sublucantur et coercentur : succiduntur tantum arbores finium dirimendorum causa, non succiduntur, sed sublucantur jure.*

Paul, dans ses Sentences (l. 5, t. 6, § 13, *de interdictis*), paraît être d'un avis contraire : *Arbor quæ in alienas ædes vel in vicini agrum imminet, nisi a domino* SUBLUCARI *non potest.* Cujas pense qu'il faut lire *arbor quæ in vicini agrum imminet,* etc. On peut hésiter, dit-il, pour comprendre le mot *collucare :* ou c'est couper les branches supérieures qui nuisent au jour, ou c'est couper l'arbre dès la racine : c'est cette dernière solution qui est la bonne et la plus utile pour les maisons. Schulting, sur ce passage de Paul, pense que la distinction a été mal résumée (*male contracta*) par le compilateur.

Quoi qu'il en soit, en présence des textes précis du Digeste et de l'autorité de Cujas et de Doneau, on ne peut avoir un doute sur l'existence de cette distinction ; mais on peut dire avec Voet qu'elle n'était peut-être pas rigoureusement observée dans la pratique.

Avant d'entrer dans le mécanisme même de l'interdit, il
est bon de voir par quel motif un propriétaire d'un arbre
est forcé de couper les branches qui s'étendent sur le fonds
d'autrui. Quand une branche vient au-dessus de mon héritage, elle entre sur ma propriété ; le propriétaire du terrain , au dire de Terrasson (dans son *Traité de jurisp. romaine* , l. 72), est propriétaire de l'air qui influe sur son
terrain ; c'est par ce motif, d'après cet auteur, qu'il peut
contraindre le propriétaire de l'arbre à couper les branches
qui viennent sur son terrain ; ces branches occupent une
partie de l'air auquel il peut prétendre en vertu de son droit
de propriété. A ce propos, Terrasson critique Grotius, qui,
dans son *Traité de la paix et de la guerre*, liv. 2, ch. 2, § 3,
dit que l'air est commun et qu'on ne peut se l'approprier.
C'est une erreur, s'écrie Terrasson : quand je suis propriétaire d'une maison , je suis propriétaire de l'air qui entre
dedans ; je suis également propriétaire de l'air qui se trouve
au-dessus de mon jardin, et qui est nécessaire pour faire
mûrir les fruits, si bien qu'un voisin n'aurait pas le droit
de venir faire passer une voûte au-dessus de mon jardin.
A l'appui de son opinion, il cite une loi 21, § 2, D. *quod vi
aut clam*, dans laquelle Pomponius dit que le ciel se mesure
comme la terre ; la loi 22, § 4 , *hoc tit.*, peut encore fournir
un argument dans ce sens; on invoque enfin la loi des
XII Tables, qui ordonne de couper les branches qui s'é-
tendent sur le terrain d'autrui.

Il n'est guère présumable que tel ait été le motif qui a poussé
les décemvirs à édicter cette disposition de la loi des XII
Tables. Les Romains étaient des agriculteurs, ils ont trop souvent montré l'intérêt qu'ils attachaient à la culture de la terre,
pour qu'on ne soit pas en droit de dire que c'est tout simplement pour empêcher l'ombre des rameaux de nuire au fonds
voisin et de lui ravir son soleil, qu'ils ont ordonné l'élagage
des branches jusqu'à une hauteur de 15 pieds. Le § 8 de la

loi 1, *de arb. cæd.*, témoigne suffisamment de cette pensée ; le but des interdits est d'empêcher l'arbre de nuire au fonds voisin : *Ne vicino prædio arbor umbra noceret.* C'est ce qui avait fait dire à Virgile :

Juniperi gravis umbra nocent et frugibus umbræ.

Entrons maintenant dans l'explication des dispositions de l'édit. Je vous défends de faire violence, dit le préteur, pour empêcher quelqu'un de couper et d'emporter un arbre qui s'étend sur sa maison, si le propriétaire est en demeure de le couper et de l'enlever lui-même.

Il résulte de cette disposition que le maître de l'arbre a le premier le droit de le couper; s'il ne le fait pas, c'est alors seulement que le préteur lui défend de faire violence à son voisin, qui a le droit de le couper et de garder le bois pour lui (§ 2, *in fine*). Tel est l'avis de Labéon. Mais, d'après Voet, le voisin était encore obligé d'obtenir du juge la permission de couper l'arbre.

Cet interdit est donné au propriétaire de la maison sur laquelle s'étend l'arbre d'un autre (§ 6). Si l'arbre s'étend sur une maison commune, chacun des propriétaires peut agir par cet interdit, et même pour le tout. L'usufruitier devrait avoir aussi le même droit ; il a également intérêt à ce que les arbres d'un autre ne viennent pas endommager sa maison.

Nous avons déjà dit quelle obligation renfermait cet interdit, et la distinction qu'il fallait établir, suivant que l'arbre projetait ses rameaux sur une maison ou sur un champ. Mais que faudrait-il décider si l'arbre étendait ses branches sur votre fonds à une hauteur plus considérable que quinze pieds? La loi ne le dit pas : c'est ici qu'on pourrait appliquer le principe de la propriété de la colonne d'air qui se trouve au-dessus de votre terrain. Si l'on était totalement privé de sa chose, on pourrait agir par la revendication; dès

qu'on subit une lésion moins considérable, on doit prendre
l'action négatoire ; ces branches, quoique à une hauteur de
plus de 15 pieds, peuvent nuire au propriétaire du terrain ;
elles peuvent empêcher la lumière et les rayons du soleil
d'arriver jusqu'au sol ; le maître du terrain prouvera sa propriété ; il démontrera que les branches le gênent dans l'exercice de son droit, et puisque le préteur ne lui permet pas
d'agir par l'interdit *de arboribus cædendis*, il devra triompher dans ses prétentions par une action négatoire (1).

Si le vent a fait pencher un arbre planté dans le fonds de
terre voisin sur votre champ , vous n'avez pas besoin de
recourir à l'interdit, vous pouvez actionner votre voisin ,
en vertu de la loi des XII Tables, par une action civile; il n'a
pas le droit d'avoir un arbre planté de la sorte. (L. 2, D. *de
arb. cæd.*)

Cet interdit est prohibitoire. Le préteur défendait de faire
quelque chose ; il était caractérisé par ces mots : *vim fieri
veto*. Aussi primitivement le nom d'*interdicta* leur était-il
spécialement réservé , le nom de *decreta* s'appliquant seulement aux interdits restitutoires ou exhibitoires. Plus tard
la dénomination d'*interdicta* s'appliqua à tous les interdits.

Il était nécessaire que le préteur créât cet interdit *de arboribus cædendis*. On ne pouvait, en effet, prendre ni l'interdit *uti possidetis* ni l'interdit *quod vi aut clam*.

Cet interdit *uti possidetis* est rangé dans la classe des interdits *retinendæ possessionis* : son but est bien de protéger
le possesseur actuel contre toutes voies de fait de nature à
troubler la possession sans la faire perdre. On s'en sert
lorsqu'une personne par son fait nous empêche de jouir de
notre propriété ; or, ici, on ne peut assimiler complétement
le planteur avec la plante, au point de dire que le fait de

(1) Maynz, 1er vol. p 508.

l'arbre est le fait de la personne qui nous nuit : cet arbre, au surplus, n'a pas été planté en cet endroit exprès pour nous nuire ; s'il nous cause un dommage, ce n'est qu'accidentellement.

L'interdit restitutoire *quod vi aut clam* ne compétera pas davantage à un propriétaire qui veut faire couper les branches de l'arbre voisin qui pendent sur son héritage. Il offre bien un recours contre toutes les entreprises, voies de fait et usurpations accomplies, par violence ou clandestinement, sur le fonds d'autrui. Or ce n'est pas par le fait d'autrui que l'arbre peut nous nuire, c'est seulement à cause de son développement naturel et par la hauteur qu'il vient d'atteindre. Au temps où il a été planté, il ne nuisait pas au voisin, il n'était même pas sur sa propriété : ce n'est ni par violence ni secrètement que le propriétaire a fait pendre les branches de cet arbre sur le fonds voisin : par violence ! l'arbre a envoyé ses branches par suite du développement que la nature lui a donné ; secrètement ! il les a peut-être envoyées la nuit, mais certainement le voisin a pu les voir venir et se plaindre dès qu'elles pouvaient nuire à la fertilité de son champ.

Aussi le préteur avait-il créé non pas seulement un interdit nouveau, mais, toujours équitable et logique, il en avait créé deux, *de arb. sublucatis* et *de arb. collucatis*, pour réparer, par des mesures plus ou moins sévères, le dommage plus ou moins considérable qui était causé.

Ces interdits sont destinés à faire réparer le dommage que causent les arbres. Qu'entend-on par *arbres* ? On n'appelle pas arbre celui qui n'a pas encore poussé de racines ou celui qui, à cause de son exiguïté ou de sa délicatesse, peut être pris pour une herbe. On ne conçoit pas, dit Pomponius, un arbre sans racines, ou quand les racines sont desséchées, comme le disaient les Grecs. Il y avait pourtant une exception ; elle avait été faite en faveur de l'olivier. La bonté et la qualité de son fruit lui avaient valu cette faveur du législateur romain ; une souche d'olivier, bien qu'elle n'eût pas encore poussé ses racines, si toutefois elle était capable d'en avoir, était considérée comme un arbre.

Le mot *arbres* comprend aussi les vignes (§ 3, *de arb. cæd.*) Mais, de ce que le mot *vignes* est compris dans l'expression arbres, et de ce que le législateur romain accorde une action pour les vignes coupées tout aussi bien que pour les arbres coupés, il ne faudrait pas en conclure qu'un propriétaire pourrait agir en justice *de vitibus succisis*. La loi romaine est formaliste ; le propriétaire doit intenter une action *de arboribus cædendis*, sous peine de se voir déclarer mal fondé dans sa demande. C'est ce que nous apprend Gaius dans son commentaire IV, § 11, *in fine* : *Unde cum qui de vitibus succisis ita egisset, ut in actione vites nominaret, responsum est rem perdidisse, quia debuisset arbores nominare eo quod lex* XII *Tabularum, ex qua de vitibus succisis actio competeret, generaliter de arboribus succisis loqueretur.*

SECTION II.

Des racines.

Les deux interdits dont nous venons de parler n'ont trait qu'aux branches. Il peut arriver qu'un arbre envoie ses racines dans l'héritage voisin, et y cause du dommage ; on ne pouvait user des interdits relatifs aux branches, la logique romaine ne l'eût pas permis. L'équité vint corriger cet effet rigoureux du droit. L'empereur Alexandre accorda pour ce cas un interdit *ad exemplum illius interdicti.* Ce qui signifie que c'était un interdit utile.

Quand on dit qu'on accorde une action *ad exemplum illius vel illius actionis*, on veut parler d'une action utile ;

il en avait été de même pour notre interdit. (L. 1, Cod. *de interd.*)

On fera pour les racines la même distinction qu'on a faite pour les branches. Viennent-elles sous un bâtiment ou sous un mur, le propriétaire de ce bâtiment est fondé par un interdit utile, *de arboribus adimendis*, à demander que l'arbre soit coupé en totalité. Viennent-elles dans le champ voisin, le propriétaire du champ n'a pas le droit de les couper : *Nemo potest sibi jus dicere, ne occasio sit tumultus.* (L. 176, D. *de Regulis J.*) Il aura seulement le droit d'intenter une action, comme il pourrait le faire pour l'extraction d'une solive ou d'une poutre mal à propos introduite dans son mur; il agira par un interdit *de arboribus coercendis*, et si le voisin ne peut les couper, il pourra lui-même procéder à l'extraction de ces racines. Si le propriétaire du sol voulait lui-même les arracher avant d'avoir sommé son voisin, il serait passible des peines qui atteignent ceux qui coupent furtivement les arbres. Il faut pourtant remarquer que si l'arbre avait envoyé toutes ses racines dans le fonds du voisin, ce voisin aurait le droit de les couper, puisque, d'après les principes que nous allons expliquer tout à l'heure, l'arbre appartient à celui dans le fonds duquel il envoie toutes ses racines.

CHAPITRE III.

DE LA PROPRIÉTÉ DES ARBRES ET DES FRUITS.

SECTION PREMIÈRE.

De la propriété des arbres.

Le droit romain nous présente cette question de la propriété des arbres en deux textes qui se contredisent. Le premier, la loi 6, § 2, *de arb. furt.*, paraît accorder la propriété de l'arbre au propriétaire du terrain dans lequel le tronc sort de terre : *Si radicibus vicini arbor alctur, tamen ejus est, in cujus fundo origo ejus fuerit.* Les Institutes, l. 2, t. 1, *Divisione rerum*, § 31, nous disent au contraire : *Ratio non permittit ut alterius arbor esse intelligatur quam cujus in fundum radices egisset.* Le propriétaire de l'arbre est le propriétaire du fonds dans lequel croissent les racines. Dans ce cas, en effet, l'arbre tire toute sa nourriture du champ voisin. On peut dire de lui : *Abscedit dominio ejus in cujus fundo oritur.* Il faut opter entre ces deux lois, ou plutôt essayer de les concilier. L'explication de Pothier paraît celle qui a généralement été suivie. Dans la loi 6, § 2, *de arb.*, il s'agit, dit-il, d'un arbre qui envoie dans le fonds voisin l'extrémité de ses racines ; il ne s'y nourrit pas complétement. On peut encore dire de lui : *Origini cedit, non alimento.* Dans le § 31 des Inst., au contraire, on suppose un arbre qui envoie dans le fonds voisin toutes ses racines, ou tout au moins la plus grande partie ; il cesse véritablement alors d'appartenir au maître du sol dans lequel il a été planté ; il tire toute sa nourriture du fonds voisin. On comprend alors que *ratio non permittit ut alterius arbor esse intelligatur quam cujus in fundum radices egisset* (1). Mais, comme le dit Cujas, on devra accorder au propriétaire du fonds dans lequel l'arbre a été planté une action *in rem* ou *in factum*, pour avoir l'estimation de l'arbre. (Arg. du § 31, *de rei divis. I.*)

Voilà ce qui est vrai pour l'arbre qui n'est pas situé sur la limite de deux héritages. Un arbre situé sur la limite est commun pour moitié, s'il étend ses racines des deux côtés ; sinon, il est commun dans la proportion du fonds qu'oc-

(1) L. 7, § 13, D. de adq. rer. dom.

cupent les racines, *pro diviso*; c'est, comme le dit Cujas, *pro regione fundi cujusque*. La loi 6, § 2, *de arb. furt.*, n'est pas applicable au cas où l'arbre est planté sur la limite ou près de la limite, ce qui est, au dire de Cujas, la même chose.

Nous devons aussi dire un mot des arbres plantés sur les rives des fleuves. L'usage de la rive est public comme celui du fleuve lui-même; chacun peut aborder, amarrer des câbles aux arbres qui y croissent; mais la propriété des rives n'en appartient pas moins aux maîtres des terrains adhérents, et, par suite, ils ont la propriété des arbres. Les riverains auront seuls le droit de tailler leurs arbres, de couper les joncs ou les herbes, de prendre les fruits; mais ils ne peuvent rien faire qui puisse nuire à la navigation; et réciproquement, si quelqu'un bâtissait sur la rive, il serait censé bâtir sur le terrain d'autrui; il serait aussi passible de l'action *de arb. furt. exs.*, s'il coupait les arbres qui peuvent s'y trouver plantés.

Ces principes que nous venons d'établir sur la propriété des arbres vont servir à nous donner la solution d'une grave controverse qui s'élève entre les jurisconsultes sur la question de savoir si les arbres ou le terrain cessent d'appartenir à leur propriétaire, quand la violence du fleuve a jeté ce fragment de terrain contre le champ voisin. (§ 31, I. *de rer. divis.*) Justinien répond aussitôt que ce propriétaire conserve encore sa propriété : *Palam est meam permanere*; Gaius est aussi de cet avis. Mais la portion de mon terrain qui m'appartenait reste longtemps attachée à ce champ voisin, et les arbres qui y étaient plantés y envoient leurs racines. Perdrai-je la propriété de mon terrain, ou ne perdrai-je que la propriété des arbres? Les Institutes disent : *Videntur adquisita*. Ces expressions, malgré l'explication d'un savant commentateur, ne paraissent s'appliquer qu'aux arbres.

Gaius, l. 7, § 2, *de adq. rer. dom.*, dit, au contraire : *videtur adquisita ;* ce qui semble se rapporter au terrain.

Il faut tout d'abord saisir la différence que ce pluriel ou ce singulier peut faire naître. La propriété des arbres ne suit pas la propriété du fonds ; s'il en était ainsi, on arriverait au même résultat. Dire en effet que les arbres appartiennent au propriétaire du champ contre lequel le terrain est venu se jeter, ce serait dire également que ce terrain lui appartient. C'est à tort que Voet a rejeté cette distinction, puisque la propriété des arbres ne se décide pas par le tronc, mais bien par les racines. Une différence importante résulte donc du texte, selon que l'on dise *adquisitæ videntur*, ou, au contraire, *videtur adquisita*. Il y a évidemment contradiction, et il faut se décider pour l'une ou l'autre opinion. Quel que soit le nombre imposant des graves autorités qui enseignent que le terrain et les arbres appartiennent au nouveau propriétaire du champ, il nous est impossible de ne pas donner notre préférence au texte des Institutes, et d'y voir non pas, comme un savant professeur, la perte du terrain et des arbres, mais seulement la perte des arbres, lorsque ceux-ci ont poussé leurs racines dans le champ voisin.

Cette solution nous paraît être l'expression des vrais principes. Cujas écrit *videntur;* mais il n'adopte pas notre opinion. Il s'agit bien des arbres, mais leurs racines, en passant dans la propriété du voisin, ont transporté au maître du champ non-seulement la propriété de leurs troncs, mais encore celle du terrain qui les porte. Le tout ensemble est comme la superficie à l'égard du sol qu'elle recouvre et dont elle suit la condition : *cedunt tanquam solo superficies.* Ces derniers mots sont, pour les adversaires du savant jurisconsulte, comme un trait de lumière ; ils montrent que Cujas avait en vue une espèce citée par Ulpien dans la loi 9, § 2,

D. *de dam. infect.* Il s'agit dans cette loi d'un terrain qui
vient, non pas se juxtaposer au fonds voisin, mais le cou-
vrir. Cette couche de terre serait pour le terrain qu'elle
recouvre, comme le sont les édifices pour le terrain qui les
porte. Voilà le sens que paraît avoir entrevu Cujas ; mais,
dans notre paragraphe des Instit., il s'agit d'une espèce toute
différente : le terrain s'unit au premier, et ne le recouvre
pas.

Dès lors, en présence de quels principes se trouve-t-on
placé ?

En présence de ceux qui régissent les arbres qui appartiennent à des voisins. Le §31, I., *de rer. div.*; le § 13, loi 7,
Digeste *de acq. rer. dom.*, de Gaius, trouvent leur application.
Les arbres appartiennent au maître du terrain dans lequel
ils envoient leurs racines. Justinien s'est montré conséquent
en adoptant ces principes au cas où il s'agissait de champs
transportés par la violence d'un fleuve. Gaius ne l'a pas fait.
Mais ne faut-il pas corriger ce § 2 de cette même loi 7 ?
Est-il à supposer qu'il ait voulu changer dans son § 13 ce
qu'il a dit dans son § 2, en présence surtout de ce qu'il dit
dans la première partie de son § 2 : *La propriété ne change
pas par le fait du déplacement du terrain ?* Ainsi, la pensée
de Gaius et de Justinien est bien arrêtée ; tout semble nous
prévenir contre cette idée. En quel endroit, en effet, se
trouve placé ce § 21 des Instltutes ? Après un autre paragraphe
qui nous parle de l'accroissement par alluvion, d'une acquisition d'une partie quelconque de propriété. Le § 21 semble
venir faire antithèse au précédent pour nous dire positivement: *Palam est meam permanere.* Il en est de même dans les
paragraphes suivants : on nous parle de l'inondation d'un
champ, par opposition au nouveau lit ; du terrain environné
de toutes parts, *in formam insulæ*, par opposition aux îles

nées dans le fleuve ; tout semble nous démontrer qu'il n'y a
pas changement de propriété.

Tant que l'arbre placé près d'une propriété voisine n'y
envoie pas ses racines, il m'appartient ; dès qu'il les envoie,
Gaius décide qu'il appartient au voisin ; mais évidemment
le fonds dans lequel il est planté ne suit pas le sort de l'arbre,
il reste au précédent propriétaire. Et on veut dire que Gaius
aurait décidé le contraire lorsqu'il s'agit de fonds devenus
voisins par la violence d'un fleuve ! Mais c'est impossible à
admettre. Quelle différence y a-t-il donc entre ces deux
fonds ? l'un est voisin par le fait de la nature, l'autre par le
fait de la violen   du fleuve. Mais cette violence du fleuve
ne fait rien   ur le déplacement de la propriété, les jurisconsultes le déclarent d'une façon claire à l'évidence ; il n'y
a que cet autre fait, parce que l'arbre a poussé ses racines,
qui fait dire que la propriété du champ passe avec la propriété des arbres. Mais c'est une proposition contraire non-
seulement au § 21 des I., mais encore au § 31 et au § 13 de
cette même loi 7 de Gaius ! Le terrain aura-t-il adhéré
longtemps au champ voisin (*longiore tempore fundo vicini
hæserit*), on ne peut dire pour cela que la propriété ait
changé de mains ; le terrain est reconnaissable ; on convient
dans les textes que ce n'est pas cette adhérence qui est une
cause de mutation de la propriété. Où irait-on dans le
système contraire ! on ne pourrait combler un fossé sans
craindre, comme le dit un auteur, de se voir dépouillé par
cette étrange théorie de la contiguïté. N'est-il pas bizarre de
dire que l'existence d'une plante ou d'un arbre sur un terrain va faire passer la propriété en d'autres mains, alors
qu'un terrain aride, qu'un terrain dans lequel on n'aurait
planté aucun arbre, eût continué d'appartenir à son ancien
maître ? Ne vaut-il donc pas mieux s'en tenir aux vrais

principes ? On n'est pas censé abandonner facilement ce
qui vous appartient ; on est maître de sa chose tant qu'on
ne l'a pas aliénée (§ 29, 30, *eod.*), tant qu'elle n'est pas *ex-
tincta* (§ 26), tant qu'on peut dire d'elle : *speciem non mutat*
(§ 24).

On peut invoquer dans ce sens des passages de Frontinus
et d'Aggenus, cités par les *scriptores rei agrariæ* : *Si vero
majore vi decurrens alveum mutasset, suum quisque modum
agnosceret, quia non possessoris negligentia sed tempestatis
violentia abreptum apparet.* (Frontinus, *de limit. agro*, édit.
Goes, p. 42.) On peut encore s'appuyer sur la paraphrase de
Théophile, qui ne parle que des arbres (1), et sur l'autorité
du grave Heineccius.

§ 1er.

*De l'arbre mis dans le terrain d'autrui, et réciproquement de
l'arbre d'autrui mis dans votre terrain.*

Si on plante dans son terrain un arbre qui appartient à
une autre personne, cet arbre ne vous appartiendra que du
moment où il aura pris racine ; et réciproquement, si on met
sa plante dans le terrain de Mœvius, la plante appartiendra
à Mœvius du jour où elle aura pris racine. Avant ce moment,
l'ancien maître pourra la revendiquer ; mais, dès que le lien
d'adhérence se sera formé par les racines entre la plante et
le sol, l'ancien maître cessera d'être propriétaire ; ce n'est
pas qu'elle tire déjà sa subsistance du fonds, on pourrait
à la rigueur opérer encore la séparation ; mais l'intérêt de
l'agriculture s'y oppose ; après quelque temps, ce ne serait
plus juste, puisque la plante va tirer sa subsistance du sol.

(1) M. Ortolan sur § 24, de divisione rerum I.

Quelle action compétera au propriétaire ? Les uns lui accordent une action *in factum* pour avoir l'estimation de l'arbre ; les autres lui permettent de choisir entre une action *in rem* ou cette action *in factum*. Varus, Nerva, Accurse, Bartole pensent qu'on doit donner l'action utile *in rem*. Doneau, Beloïus (Var. Jur. com. IV, 6, § 2), Ant. Faber (*in rat. ad h. l.*) disent que l'opinion de Varus et de Nerva est tombée en désuétude.

Si un propriétaire a mis sa plante dans le terrain d'autrui, on peut se demander s'il ne pourra pas se faire indemniser des dépenses qu'il aura faites ? Il faut pour cela distinguer s'il est de bonne ou de mauvaise foi, et lui appliquer les distinctions qu'on propose pour le constructeur qui a bâti avec ses matériaux sur le terrain d'autrui. Le constructeur de bonne foi, évincé, par exemple, de son acquisition, est-il en possession ? on lui permet d'opposer l'exception de dol au maître du sol qui réclame la maison sans vouloir payer les matériaux. S'il vient revendiquer le sol et la maison, il devra la valeur de l'édifice.

Mais si ce constructeur n'est pas en possession, que faut-il décider quand le propriétaire va venir revendiquer le sol et la maison ? A-t-il encore droit à une indemnité ? Voici un cas où la question peut se présenter : j'ai reçu par donation un fonds que je croyais appartenir au donateur ; j'y ai fait des dépenses utiles. Puis-je me faire rembourser ces dépenses, quand il est reconnu que ce fonds appartient à autrui ? Contre un donateur je ne puis avoir d'action, contre un vendeur, j'aurais eu l'action de garantie.

La question a donné lieu à plusieurs systèmes ; M. Ducaurroy et un savant professeur pensent que le constructeur ne peut plus opposer l'exception de dol, quand il a perdu, même par hasard, la possession. Cette opinion se base sur des textes positifs. La loi 14, D. *de dolo mali*, de Paul, dit que celui qui

a construit sur le sol d'autrui ne peut réclamer ses dépenses
que s'il est en possession lorsque le maître du sol reven-
dique la maison. La loi 33, *de cond. indeb.*, est conçue dans
le même sens.

Cette opinion a paru trop dure à certains commentateurs
et contraire à ce principe qu'on appliquait déjà du temps de
Paul : *Il n'est pas permis de s'enrichir au détriment d'autrui.*
Celui qui s'enrichit avec ma chose est tenu vis-à-vis de moi.
(Loi 23, D. *de rebus creditis.*)

Aussi Pothier pensait que le préteur devait donner au
constructeur une action *negotiorum gestorum utilis ;* on
supposait que le propriétaire était tenu comme par un contrat jusqu'à concurrence de ce dont il était devenu plus
riche. La loi 6, § 3, *de negotiis gestis,* suppose un *prædo ;* il
lui donne contre moi l'action de gestion d'affaires utile.
Pourquoi la refuser à un homme de bonne foi ? Nous re-
fusons d'admettre cette opinion, parce que le constructeur
n'a pas entendu gérer l'affaire du propriétaire : c'était pour
lui qu'il travaillait.

Cujas proposait de donner la *condictio incertæ possessionis,* pour faire rendre la possession, mais sans indiquer
toutefois le moyen que le droit prétorien pouvait accorder
au constructeur de bonne foi. Un auteur pense qu'il pouvait agir par l'interdit *uti possidetis ;* car on suppose un
possesseur de bonne foi, qui ne possède, par conséquent, *nec
vi, nec clam, nec precario ;* s'il avait été expulsé violemment
de son fonds, il aurait eu la faculté de recourir à l'interdit
unde vi. Grâce à ces deux interdits, le constructeur, dans
cette opinion, pouvait recouvrer la possession et opposer par
suite l'exception de dol. Les textes sur lesquels s'appuie
Cujas (l. 40, § 1, *de cond. indeb.*) sont relatifs à des cas où
celui qui avait omis la rétention était débiteur par action
personnelle ; il a payé par erreur plus qu'il ne devait. Dans

notre hypothèse, le possesseur ne restitue pas pour payer une dette, il ne peut donc pas *condicere quasi indebitum*. Il ne transfère pas la propriété à un autre, comme la lui devant.

Nous croyons qu'il vaut mieux s'en tenir à la première opinion ; elle est rigoureuse, mais elle est la plus juridique ; le droit ne doit pas fléchir devant l'équité.

S'agit-il maintenant d'un constructeur de mauvaise foi ? le § 30 des Institutes dit qu'il est réputé avoir voulu donner ses matériaux, et il ne peut plus les revendiquer, même quand l'édifice est renversé. (L. 7, § 12, D. *de adq. rer. dom.*)

S'agit-il au contraire d'un individu qui bâtit sur son terrain avec les matériaux d'autrui ? il est propriétaire du bâtiment et des matériaux. Leur propriétaire ne peut les revendiquer ; il a une action personnelle *de tigno juncto* par laquelle il poursuit la valeur du double des matériaux contre le constructeur, sans distinguer s'il a agi ou non de bonne foi. On ne voulait pas qu'on pût être forcé de démolir un édifice ; s'il était démoli dans la suite, il pouvait revendiquer ses matériaux, s'il n'avait pas obtenu satisfaction par l'action *de tigno juncto*.

Mais nous devons signaler la différence qui existe ici avec les principes sur la plantation. L'action *de tigno juncto* n'est plus applicable ; le propriétaire de la plante se fera indemniser ou par l'action *in factum* ou par l'action utile en revendication. Si l'arbre est arraché ou déraciné, il ne reviendra pas, comme les matériaux, au premier propriétaire ; l'arbre, en effet, en se nourrissant dans la terre, s'est renouvelé, et a fini par ne plus être composé que de substances nouvelles. (L. 26, § 2, D. *de adq. rer. dom.*)

§ II.

Droits d'un usufruitier sur les arbres.

Tout ce qui naît d'une chose soumise à un usufruit ne doit pas être considéré comme un fruit ; ainsi les grands arbres (*arbores grandes*) sont un produit du sol, et cependant ils n'entrent pas dans la jouissance de l'usufruitier du fonds ; il ne peut ni les couper ni en jouir ; il agirait contrairement à la nature et à la condition de ces arbres, qui ne croissent pas pour être coupés (*non educantur ut succidantur*), mais bien pour grossir et atteindre des proportions gigantesques.

Le bois taillis, au contraire, renaît de ses racines mêmes et de ses souches ; s'il a été mis en coupes réglées par le nu-propriétaire, il appartiendra à la jouissance de l'usufruitier. Ce dernier pourra le couper, en vendre le bois alors même que le propriétaire n'en aurait pas eu l'habitude : il doit se conformer au mode d'agir du propriétaire, observer, par exemple, l'ordre des coupes ; mais il n'est pas obligé d'employer le bois aux mêmes usages.

Dans une futaie, l'usufruitier ne pourra faire des coupes comme dans un bois taillis, mais au moins on lui permettra d'y prendre ce qui est nécessaire à la conservation des bâtiments dont il a également l'usufruit ; on lui permettra même de couper de grands arbres, et autant que ses besoins l'exigeront, pour l'entretien de ces bâtiments : ce ne peut être contraire au mode d'agir du propriétaire ; il n'eût certainement pas laissé tomber ses bâtiments en ruine. Ne serait-il pas absurde, dit Doneau, que le fonds procure à d'autres un avantage qu'il ne se donnerait pas à lui-même? C'est donc avec raison qu'on lui permettra de prendre du bois pour construire (*materia*), des bois de charpente, et non pas seulement du bois pour se chauffer (*lignum*). Il pourra encore prendre des pieux pour soutenir ses vignes.

L'usufruitier d'un bois taillis a aussi le droit d'y prendre des branches et *pedamenta*. (L. 10, *de usuf.*) *Pedamenta* désigne les pieux pour soutenir les vignes (Alciat. *de verb. sig.*) Il a aussi ce droit dans une futaie. Il doit y avoir une différence entre ces deux espèces de bois, et, par suite, le pouvoir de l'usufruitier doit être plus étendu sur l'un que sur l'autre. Si on lui permet de prendre des échalas dans les futaies, il ne pourra les employer qu'au soutien des vignes dont il a également l'usufruit; s'il les prend dans un taillis, il pourra en user comme bon lui semblera ; il pourra les vendre ou même les employer à soutenir ses vignes qui ne font pas partie du domaine dont il est l'usufruitier; et il aura ce droit alors même que le nu-propriétaire n'était pas dans l'usage de faire des coupes dans son bois taillis. C'est le sens qu'il faut voir dans la loi 10, D. *de usufructu.* Mais si le propriétaire n'avait pas mis son bois taillis en coupes réglées, l'usufruitier ne pourrait couper le bois pour le vendre. Il est contraire , en effet, à la nature d'une futaie d'y rien prendre, si ce n'est pour l'embellissement et l'entretien du fonds qui fait partie du même domaine que la futaie. Si, au contraire, on suppose un bois taillis qui ne croisse en futaie que par la destination du père de famille, il n'est pas contraire à l'intention présumée du propriétaire, ni nuisible à sa juste croissance (*justa*), d'y prendre quelques branches ou des échalas sur lesquels l'usufruitier aura un plein pouvoir de disposition : les arbres n'en atteindront pas moins pour cela leur grandeur et leur magnificence ordinaire. Que si l'usufruitier voulait couper les troncs, alors on ne devrait pas le lui permettre ; la destination du père de famille serait un obstacle à sa volonté ; car, avant tout (l. 10, *in fine*), l'usufruitier ne doit pas rendre pire la condition du fonds.

Quel est le droit de l'usufruitier sur les arbres morts ou renversés par accident?

Les arbres morts lui appartiennent (l. 18, **D.** *de usuf.*); il peut en faire tout ce qu'il voudra, et il n'y a pas à distinguer si ce sont des arbres de bois taillis ou de futaie ; il peut en disposer quoiqu'il n'ait eu sur eux, de leur vivant, aucune espèce de droit, mais il est obligé de les remplacer.

Il n'en est pas ainsi des arbres renversés par la tempête ; ils continuent toujours d'appartenir au nu-propriétaire. (L. 12, pr. *de usuf.*) La raison en est, dit Ulpien, que si ce malheur atteignait tous les arbres d'un champ, et si on en privait le propriétaire, il serait absurde qu'un accident dépouillât un homme de sa propriété pour en enrichir un autre. Mais il est également juste que l'usufruitier n'éprouve pas de préjudice ; on fera un partage entre lui et le propriétaire de l'avantage qu'on peut encore retirer des arbres, et on en donnera l'usage à l'usufruitier ; on ne lui enlèvera pas ainsi ce qui était dans son usufruit, le droit de jouissance. A-t-il besoin de matériaux pour construire (*materia*), on lui permettra d'en prendre ; n'a-t-il besoin que de bois de chauffage, on lui laissera prendre le *lignum ;* a-t-il des bois de charpente et du bois de chauffage provenant de ses domaines particuliers, il n'aura plus rien à prétendre sur les arbres renversés par la tempête. Mais si le nu-propriétaire néglige de faire enlever les arbres abattus par les vents, l'usufruitier pourra se pourvoir contre lui à l'effet de l'obliger à débarrasser les chemins qu'ils rendent impraticables ou plus difficiles. (L. 19, § 1er, D. *de usuf.*) Il est donc utile de distinguer si les arbres sont morts ou s'ils ont été arrachés par le vent ou la tempête. Cette distinction est encore utile pour résoudre, d'après la loi 21, § 9, D. *de dam. inf.*, une difficulté qui pourrait s'élever sur les termes d'une stipulation. Je vous ai garanti contre tout dommage que mes arbres pourraient vous causer ; la tempête ou le vent les renverse sur vos vignes, et ils vous causent beaucoup de dégât. Serai-je tenu de ma promesse ? Non ; nous n'avions entendu parler que de ce qui arrive ordinairement ; j'ai voulu vous garantir du préjudice que la chute de mes arbres pourrait vous occasionner ; je n'ai pas songé au cas où la tempête les jetterait contre votre champ, mais au cas où la vétusté pourrait, par exemple, les faire tomber.

Nº 1. *Des droits du mari sur les arbres.*—Quel sera le pouvoir du mari sur les arbres d'une forêt que sa femme s'est constituée en dot ? Si c'est une futaie, il ne pourra couper les arbres, il dégraderait le fonds dotal ; son droit est celui d'un usufruitier, et nous venons de voir que l'usufruitier ne pouvait prétendre au droit de couper les arbres d'une futaie. Est-ce un bois taillis que la femme s'est constitué en dot ? le droit du mari est plus considérable : il peut le couper, les arbres de ce bois sont *in fructu* ; or les fruits qu'il perçoit lui sont attribués pour soutenir les charges du mariage ; ils ne seront pas compris dans la restitution de dot à la dissolution du mariage. (Cujas, t. 4, c. 267.)

Nº 2. *Du droit de l'usufruitier sur un arbre planté par un héritier du nu-propriétaire.* — Un héritier construit une maison sur un fonds dont l'usufruit est légué à un autre ; peut-il, s'il se repent de ce qu'il a fait, démolir cette maison et l'enlever ainsi à la jouissance d'un usufruitier ? On serait tenté d'adopter l'affirmative ; cette maison n'existait ni à la mort du testateur, ni au moment de la confection du testament, ni au moment de l'adition d'hérédité. On décide cependant qu'il ne peut la démolir (l. 12, D. *de usu et usuf.*), et on se fonde sur ce qui se passerait si l'héritier, au lieu de construire une maison, avait planté un arbre.

Paul décide que l'héritier ne peut arracher cet arbre après la défense de l'usufruitier ; il le pourrait cependant, et il l'aurait fait impunément avant que l'usufruitier ne le lui eût défendu. Il ne peut l'arracher après la défense de l'usufruitier, parce qu'il ne peut lui causer préjudice : personne n'avait forcé l'héritier à planter cet arbre ; il l'a fait, qu'il subisse donc les conséquences de sa légèreté. L'usufruitier a acquis un certain droit par le fait de la plantation de cet arbre dans le fonds soumis à l'usufruit ; l'héritier ne pourra plus le ravir à sa jouissance : mais il faut pour cela que l'usufruitier soit *invitus*, qu'il n'ait pas défendu à l'héritier d'arracher cet arbre, sinon l'héritier pourra l'enlever, mais à la condition de ne pas dégrader le fonds soumis à l'usufruit : on est toujours censé vouloir empêcher ce qui peut vous nuire. La glose fait sur la fin de cette loi la remarque que tout fait illicite n'est pas puni. Cujas fait observer qu'il n'en est rien ; il n'y a pas fait illicite quand l'héritier démolit une maison ou arrache un arbre à l'insu de l'usufruitier qui reste silencieux ; il n'y a pas plus fait illicite, dit-il, que lorsqu'on chasse sur le terrain d'un propriétaire *non prohibente et tacente*, dont le silence, par conséquent, équivaut à consentement.

§ III.

Des droits du légataire sur l'arbre légué.

Le légataire d'un arbre peut le couper ; aura-t-il droit aux nouvelles pousses et aux rejetons que produiront les racines ? On doit répondre affirmativement ; il avait le droit d'arracher cet arbre ; s'il ne l'a pas fait, s'il s'est contenté de le couper, il doit avoir droit aux nouveaux rejetons. Accurse se demande si les racines ont été léguées ? Il faut interpréter largement la volonté du testateur ; et de même que si l'on a légué l'usage d'un troupeau, le légataire ne peut, en droit strict, que faire promener ce troupeau sur ses terres *ad stercorandum*, il convient d'appliquer moins rigoureusement le droit et de permettre à l'usager de prendre un peu de lait, si cela paraît ressortir de la volonté du défunt ; de même le légataire d'un arbre a le droit de revendiquer les nouvelles pousses et les rejetons, si l'arbre n'a été que coupé et non arraché.

§ IV.

De la vente d'un fonds de terre qui n'a été l'objet de la vente qu'en considération des arbres qu'il produit.

. La vente des arbres est soumise aux principes généraux ; l'acheteur ne devient pas propriétaire par le payement du prix ; la tradition seule opérera la translation de propriété.

J'achète un fonds en considération seulement des arbres qu'il produit ; ces arbres ont été arrachés par le vent ou incendiés ; la vente est-elle valable ? Non, soit que le vendeur ait su ou non que ces arbres n'existaient plus. L'acheteur, au contraire, connaissait-il ou non ce qui était arrivé ? la loi 58, D. *de contr. emp.*, nous dit qu'on doit donner la même solution que celle que la loi 57 a donnée à propos des maisons.

J'achète une maison : l'acheteur et le vendeur ignorent qu'elle est brûlée. Nerva, Sabinus, Cassius pensent que la vente est nulle, bien que pourtant le sol existe encore, et si l'acheteur a payé le prix, il peut le répéter. Il n'y a d'obligation ni d'un côté ni de l'autre. Cette solution est la même, qu'il s'agisse de maison brûlée ou d'arbres arrachés.

N'y a-t-il, au contraire, qu'une partie de la maison d'incendiée, il importe beaucoup, selon Neratius, de connaître la valeur de cette partie. Est-ce la plus grande partie de la maison qui est brûlée, l'acheteur ne peut être forcé de remplir son engagement, et il pourra répéter l'argent qu'il aura pu donner.

N'y a-t-il que la moitié ou une part moindre que la moitié? l'acheteur est forcé d'accepter la vente ; on fera seulement estimer le préjudice que lui a causé l'incendie, et on déduira le montant de cette estimation du prix qu'il doit payer. Ce sera possible, puisque la vente est un contrat de bonne foi. On objecte pourtant contre cette solution la loi 44, au même titre : si de deux esclaves tellement unis dans leurs fonctions qu'ils ne puissent facilement se séparer, l'un meurt avant la vente, la vente ne sera pas valable pour le survivant. La moitié de la maison brûle, pourquoi voulez-vous me forcer à habiter une moitié de maison brûlée? N'y a-t-il pas une contradiction entre ces deux lois? La raison de la différence est que, dans le cas de vente de deux esclaves, de deux comédiens par exemple, la validité d'une pareille vente, alors qu'un des deux est mort, ne satisferait pas les parties. Un comédien seul n'a plus de valeur aux yeux des Romains, une moitié de maison en a beaucoup ! L'acheteur peut la désirer, elle peut suffire à ses besoins, et il n'éprouve pas de préjudice, puisqu'on lui diminuera une partie du prix.

Voilà ce qu'il faut décider quand l'acheteur et le vendeur ignorent la destruction de la chose vendue.

Si le vendeur la connaît et si l'acheteur l'ignore? Même

3

distinction, même solution. Si, après l'inspection du fonds, mais avant la vente, des arbres étaient renversés par la tempête, devrait-on les livrer à l'acheteur? Non, dit la loi 9, D. *de peric. et com. rei vend.* L'acquéreur n'est pas censé les avoir achetés, puisqu'ils ne faisaient plus partie du fonds quand la vente s'est réalisée. Mais si l'acheteur avait ignoré la destruction de ces arbres, que le vendeur avait connue sans vouloir l'avertir, il devra réparation à l'acheteur du préjudice qu'il a pu lui causer; on devra estimer tout l'intérêt que l'acheteur avait de posséder ces arbres. Cette estimation est aussi obligatoire dans la vente d'une maison. (§ 1, 1. 57, *de contrah.*)

Le vendeur, au contraire, a-t-il ignoré le désastre? l'acheteur l'a-t-il su? la vente n'est pas valable si toute la chose est brûlée. En reste-t-il une minime partie ou une partie moindre que la moitié? la vente est valable; il y a eu mauvaise foi de l'acheteur; il a dissimulé pour faire condamner le vendeur à livrer tout ce qu'il avait promis, il est juste qu'il soit puni de son dol en étant obligé de payer tout le prix sans pouvoir rien répéter.

Le vendeur et l'acheteur connaissaient-ils tous deux le cas fortuit? il n'y a pas de vente, alors même qu'une partie de la maison puisse encore exister; le contrat qui est de bonne foi ne peut plus subsister dès qu'il y a dol chez les deux contractants.

En résumé donc, pas de vente si *tous deux*, vendeur et acheteur, *ignoraient* que les arbres étaient détruits *en totalité* ou *en grande partie;* vente valable, si *moitié* ou *partie moindre* des arbres est renversée.

Mêmes distinctions si le *vendeur est de mauvaise* et l'*acheteur de bonne foi*, et réciproquement si l'*acheteur est de mauvaise* et le *vendeur de bonne foi.*

Vente nulle s'ils sont *tous deux de mauvaise foi*, alors même qu'une partie de la chose inférieure à la moitié puisse encore subsister.

SECTION II.

De la propriété des fruits. — De l'interdit de glande legenda.

Le premier chef de la table 8, chap. 7, de la loi décemvirale, est relatif, comme nous l'avons vu, aux branches qui pendent sur le fonds voisin. Le deuxième chef est relatif aux fruits. Pline (*Nat. hist.*, l. XVI, c. 5), Gaius (1. 236, D. *de verb. signif.*) nous indiquent cette loi.

Le premier dit : *Glandes opes esse nunc quoque multarum gentium, etiam pace gaudentium constat... Cautum est præterea lege Duodecim Tabularum ut glandem in fundum alienum procidentem liceret colligere.*

On propose ainsi le texte même de cette loi :

SEI GLANS ENDO EVEM CADUCA SIET DOMINO LEGERE JOUS ESTOD ; *emem* est pour *eumdem* et se rapporte à *fundum* qui se trouve dans la loi précédente. Godefroy a dit dans sa paraphrase : *Si fructus e vicini arbore in vicinum fundum cadat, domino arboris legere fructum jus esto.* Si un fruit quelconque tombe de l'arbre d'un voisin dans le champ d'un autre voisin, qu'il soit permis au propriétaire de l'arbre d'aller le chercher.

Le fragment porte *caduca siet*. Des commentateurs pensent que les décemvirs ont peut-être dit *procidua siet ;* dès lors on comprendrait l'expression *procidentem* dont Pline se sert dans le passage cité ci-dessus. Ils veulent établir une différence entre *glans caduca* et *glans procidua* : la première expression voudrait dire le fruit qui tombe de l'arbre dans le champ du *propriétaire de l'arbre ;* la deuxième indiquerait le fruit qui tombe de l'arbre dans le champ du *propriétaire voisin.* (Marcile, *in interp. leg. Duod. Tab.*, cap. 51.)

L'expression *domino* veut dit tout possesseur de l'arbre des branches duquel le fruit est tombé.

Mais que signifie le mot *glans?* Il n'a certes pas le sens que Virgile lui donne dans le vers 686, l. 7, de son *Enéide...*

> ..... *Pars maxima glandes*
> *Liventis plumbi spargit.....*

Glans signifie, dans ce passage, un projectile qu'on lance aux ennemis. Il faut aller en chercher le sens dans la loi 236, D. *de verb. sig.*, où Gaius nous dit : *Appellatione glandis, omnis fructus continetur. Glans* veut dire fruit. Cette signification vient de ce que, dès les premiers âges, les hommes ne connaissaient pas le blé ; ils se nourrissaient de gland. Parmi les fruits que les arbres produisaient sans culture, le gland était regardé comme le plus précieux. Tous les auteurs s'accordent sur ce point (1). Les hommes, dans ce siècle de fer, s'estimaient très-heureux de manger des glands et de boire de l'eau. De là était né un proverbe; on disait d'un homme instruit par une longue expérience, d'un vieillard : *Multorum festorum Jovis glandes comedisse;* on disait, au contraire, de gens simples et de peu de sens qui préféraient une vie agreste à une manière de vivre plus agréable :

> « Frugibus inventis ad glandes velle reverti. »

(1) Pline, Hist. nat., l. VII, cap. 56. — Ovide, Amorum, lib. III, eleg. 10, v. 7, 10. — Virgile, lib. I, Georg. ab exordio usque ad v. 9. — Tibulle, l. II, eleg. 3, v. 38, 41. — Horace, lib. I, sat. 3, v. 100. — Aulu-Gelle, l. V, c. 6. — Macrobe, in somnio Scip., l. II, c. 10. — Apulée, Métamorph., l. XI, p. 357 de l'édition ad usum.

Cette disposition a passé de la loi des Douze Tables dans l'édit du préteur, et elle forme le titre XXVIII du livre 43 du Digeste. *Glandem quæ ex illius agro in tuum cadat, quominus illi tertio quoque die legere, auferre liceat, vim fieri veto.* Le maître de l'arbre a trois jours pour venir ramasser les fruits qui sont tombés. (Struvius, au dire de Scheidewin, prétend que cette disposition n'est pas observée dans la pratique.) Après ce temps, la loi romaine ne lui en donne plus le droit ; les fruits seraient gâtés et ne seraient plus bons à être ramassés. Le propriétaire du terrain voisin doit donc laisser le maître de l'arbre venir chercher ses fruits ; le préteur défend de lui faire violence et lui permet de se servir pendant trois jours de l'interdit *de glande legenda.* Mais, après les trois jours, il pourra encore agir par l'action *ad exhibendum* pour avoir ses fruits ; il pourra encore aller les chercher, mais à la condition de donner caution pour le dommage qu'il pourra causer. (L. 9, D. *ad exhib.*)

Cette solution semble heurter le principe de la propriété de l'air dont nous avons déjà dit quelques mots. Si l'on est propriétaire de l'air, on doit aussi être propriétaire des fruits. Le droit saxon veut en effet que les branches et les fruits qu'elles portent appartiennent au maître du champ voisin sur lequel elles s'avancent. (Thomasius, notes *ad huber. prælec. in Inst.*, l. 2, t. 1, § 3.) Comme le dit Barbeyrac (notes jointes à la traduction de Grotius, l. 2, ch. 2, § 3), les décisions des anciens jurisconsultes sont fondées là-dessus ; ils veulent que le propriétaire d'une maison puisse couper l'arbre et se l'approprier quand les branches pendent au-dessus de votre héritage. La solution que nous avons donnée, et qui est écrite dans le titre *de glande legenda*, n'est pas incompatible, dit Terrasson, avec le principe de la propriété de l'air. Il peut arriver qu'un arbre soit à la distance légale et que l'extrémité de la branche pousse tellement en peu de jours, que le bout des branches d'où pendent les fruits incline un peu sur le champ voisin. Dans ce cas, il n'y aurait aucune espèce de faute à reprocher au propriétaire de l'arbre, et il ne serait pas juste que les fruits qui tombent par terre, par suite de l'agitation du vent, soient perdus pour lui. Je ne vois pas, dit Terrasson, d'autre raison qui ait engagé les décemvirs à ordonner que le maître de l'arbre aura le droit d'aller chercher les fruits qui seront tombés sur le champ voisin.

Voilà pourquoi le préteur avait accordé l'interdit *de glande legenda;* il est, comme l'interdit *de arboribus cædendis,* prohibitoire, caractérisé par les mots *vim fieri veto.* Il appartient à la classe des interdits simples; l'ordre n'était donné qu'à une seule personne, elle seule devait s'abstenir de faire violence.

CHAPITRE IV.

DE L'ACTION DE ABBORIBUS FURTIM CÆSIS, ET DES PEINES QUI ATTEIGNENT CEUX QUI COUPENT LES ARBRES.

SECTION PREMIÈRE.

De l'action de arboribus furtim cæsis.

Cette action naît d'un délit; elle est civile, elle a sa source dans la loi des XII Tables. Pline nous l'indique dans son liv. 7, ch. 1er, et Paul dans la loi 9, *ad Sabinum.* La loi 1re *de arb. furt. cæs.* en rapporte le texte : *Qui arbores alienas injuria cæsit in singulas XXV æris luicito.*

Elle est donnée contre ceux qui coupent un arbre, ou une vigne, ou des lierres : *Hederæ quoque et arundines, arbores non male dicentur.* Le mot *arbores* comprendra aussi

les saules; mais celui qui aurait coupé des baguettes de
saule fichées en terre pour former une *saussaie* ne serait
pas considéré comme ayant coupé un arbre, si ces baguettes
n'avaient pas pris racine. Si on transplante un arbre d'une
pépinière, bien que ses racines n'aient pas encore poussé,
il n'en est pas moins considéré comme étant toujours un
arbre. Il en est ainsi de celui dont le tronc est debout,
quoique ses racines soient mortes. Le vent renverse un
arbre; c'est un arbre, dit Labéon, s'il peut être redressé.
On déracine un arbre pour le planter; on ne pourra encore
le couper sans être passible de l'action *de arboribus furtim
cæsis.*

La loi se sert des trois mots : *qui cædunt, cingunt, subse-
cant.* Ils sont commentés par Ulpien : *cædere* veut dire non-
seulement couper, mais encore frapper dans l'intention de
faire tomber. De là cette conséquence qu'on peut agir par
la même action, quoique l'arbre ne soit pas entièrement
coupé.

Cingere, c'est *deglabrare*, c'est écorcer un arbre. Byn-
kershœc (obs. IV, 21, *in fine*), Otto (t. 5, p. 1659), Gro-
novius blâment ce mot *cingere*; ils aimeraient mieux
coinquere.

Subsecare est un mot qui a été ajouté : c'est couper en
partie, de quelque manière que ce soit; c'est *serra secuisse*,
couper avec la scie; car, à proprement parler, *cædere* veut
dire frapper avec la cognée, et on ne pouvait rigoureusement considérer comme ayant scié un arbre celui qui l'eût
coupé.

Cette énumération n'est pas complète; celui qui arrache
(*evellit vel extirpat*) ne rentre pas dans l'une ou l'autre de
ces trois catégories. Il faut en conclure qu'on ne pourra
agir contre lui au moyen de cette action; mais la législation
romaine, si prévoyante contre ceux qui coupaient les

arbres, ne pouvait rester dénuée de sanction contre ceux qui les arrachent. Ceux qui commettaient ce délit tombaient sous le coup du troisième chef de la loi Aquilia. Ce troisième chef pourvoit à tout dommage causé injustement sur tous autres animaux que ceux mentionnés au premier chef, et sur toutes choses inanimées il établit une action pour tout ce qui serait brûlé, ou rompu, ou fracturé; le § 13, titre III, liv. IV, Inst., a le soin de dire que le mot *ruptum* ne comprend pas seulement tout ce qui a été brisé, brûlé, mais encore ce qui a été séparé, fendu, répandu, en un mot perdu ou détérioré par toute autre cause. Une expression si large devait bien pouvoir s'appliquer à ceux qui arrachent des arbres, et cette assimilation est, en effet, accomplie par la loi 7, § 2, D. *de arb. furt. cas. Aquilia tamen tenetur quasi ruperit.*

Nous devons aussi dire un mot d'un quasi-délit que prévoyait encore la loi Aquilia. Si un bûcheron avait tué, en jetant une branche du haut d'un arbre, un esclave qui passait, il fallait distinguer, pour savoir s'il tombait sous le coup de la loi Aquilia, si ce bûcheron était ou non en faute. La loi Aquilia n'était pas applicable à celui qui avait tué par accident, s'il n'y avait pas eu faute de sa part; la loi punit, en effet, la faute aussi bien que le dol. Si le bûcheron a jeté cette branche près d'une voie publique ou vicinale, il est en faute de n'avoir pas crié, il aurait dû avertir les passants; il tomberait, pour ce cas, sous le coup de la loi Aquilia; est-ce, au contraire, loin d'une voie publique que ce bûcheron coupait des branches, dans un champ par exemple? il n'y a pas faute du bûcheron, quand bien même il n'eût pas crié; il ne pouvait pas se douter qu'un esclave passât en ce moment sous l'arbre. Si, coupant des branches près d'une voie publique, il avait crié, il ne serait plus en faute; c'était à l'esclave à se garantir.

N° 1. *Quand y-a-t-il lieu à l'action* de arboribus furtim cæsis ? — Il faut non-seulement que l'on ait coupé un arbre ou fait un acte rentrant dans l'une ou l'autre des trois catégories caractérisées par les mots *cædere, cingere subsecare*, il faut de plus que l'on se soit caché et que l'on ait agi *furtivement*. Quand est-on réputé faire tout cela furtivement? On ne doit pas confondre, dit Godefroy, *furtim cædere* avec *furti causa cædere : furtim cædere* montre un dommage fait sans aucun droit ; *furti causa cædere* indique un vol. Or, *furtim arborem cædit, qui clam cædit ;* le propriétaire a dû ignorer le fait ; si on coupait un arbre de son consentement, il est évident qu'on ne pourrait plus agir par l'action *de arb. furt. cæs.* S'il voyait couper l'arbre, et s'il gardait le silence, ne pourrait-on pas lui dire: *qui tacet, consentire videtur ?* C'est ce qui résulte de la loi 7 pr. : *et furtim cæsæ arbores videntur, quæ ignorante domino celandique causa ejus cæduntur.* Il faut donc que le maître de l'arbre l'ignore, et qu'on ne le coupe pas en sa présence. C'est ce que dit aussi la loi 8, § 3 : celui qui coupe un arbre malgré le propriétaire, mais alors que ce dernier a connaissance du fait, et en employant la force, n'est pas tenu de l'action *de arb. furtim cæsis.*

Celui qui coupe furtivement un arbre n'est pas tenu pour cela de l'action de vol (l. 7, § 1). Le vol, en effet, ne peut exister s'il n'y a pas chez le voleur cet *animus* nécessaire pour caractériser ce délit : *furtum sine contrectatione fieri non potest; nec animo furtum amittitur;* c'est ce qu'indique aussi la définition que le § 1, tit. 1, liv. 4 Inst., nous donne du vol : *lucri faciendi causa.* L'intention du voleur n'est pas seulement de porter un préjudice à la personne qu'il dépouille, c'est avant tout de tirer un profit de la chose dont il s'est approprié la possession. Celui qui coupe furtivement des arbres, au contraire, peut les couper sans avoir l'intention de commettre un vol : *quum et sine furto fieri possit ut quis arbores furtim cædat;* il peut n'avoir eu que l'intention de nuire, l'intention de jeter une dépréciation sur la propriété de son ennemi, en déshonorant ses plus beaux arbres. Que si, au contraire, il a eu non-seulement l'intention de nuire, mais, de plus, l'intention de voler et s'il a joint le fait à l'intention, on rentrerait alors sous l'application des principes ordinaires ; il faudra dire qu'il y a eu vol, et dans ce cas le propriétaire de l'arbre arraché ou déshonoré pourra agir par l'action *de arboribus furtim cæsis* et aussi par l'action de vol.

Pothier fait remarquer qu'on donne l'action *de arboribus furtim cæsis* tout aussi bien contre celui qui coupe un arbre que contre celui qui coupe les racines de l'arbre du voisin qui s'étendent dans son champ. Cet arbre qui n'envoie que l'extrémité de ses racines dans votre champ ne vous appartient pas. Nous avons expliqué le moyen que la loi romaine donnait au propriétaire du fonds dans l'interdit *de arboribus cædendis,* pour faire couper les racines de l'arbre du voisin qui pouvaient nuire à la fertilité de son champ.

N° 2. *A qui est donnée l'action* de arboribus furtim cæsis. — La cause de cette action est la même que celle de la loi Aquilia. Dans ces deux actions, il s'agit d'un dommage causé contrairement au droit. Le maître du sol où les arbres sont plantés doit donc avoir cette action. Il en est de même du propriétaire de la chose détruite ou endommagée, qui a l'action directe de la loi Aquilia.

L'usufruitier du sol où se trouvent les arbres déshonorés n'aura pas cette action. (L. 5, § 2, *de arb. furt.*) Il aurait eu l'action utile de la loi Aquilia. (L. 11, § 10, *ad leg. Aquil.*)

L'emphytéote, qui a un démembrement de propriété plus étendu que l'usufruitier, qui est possesseur, aura l'action *de arboribus furtim cæsis.* (L. 5, § 3.) Il a aussi l'action de *aquæ pluviæ arcendæ* et *finium regundorum.* On lui donne aussi le droit de revendiquer la servitude qui est due au *prædium emphyteuticarium*. L'usufruitier n'a que le droit de revendiquer l'usufruit, et non la chose elle-même. Des auteurs ne lui donnaient même pas l'action de la loi Aquilia. Ulpien dit qu'il faut lui donner une action utile. Et Brunc-man veut qu'il ait aussi l'action utile *de arboribus furtim cæsis*. C'est une des différences qui existent entre l'usufrui-tier et l'emphytéote.

Celui qui vend un champ a l'action *de arboribus furtim cæsis*, aux termes de la loi 12, *de arb*. Il faut l'entendre en ce sens qu'il s'agit d'un champ vendu, mais qui n'est pas encore livré. L'acheteur ne devient pas proprié-taire par le payement du prix du champ, s'il n'en a pas été fait tradition. Pareillement, il ne devient pas propriétaire d'arbres qui ne sont pas abattus; l'acheteur ne pourrait pas les revendiquer tant qu'ils tiennent au sol par leurs ra-cines, tant qu'on n'en a pas fait tradition; mais il a, en vertu de l'action *ex empto*, le droit de forcer son vendeur à les couper et à les livrer.

Mais si un arbre coupé appartient à plusieurs personnes, elles n'ont toutes qu'une action et ne peuvent l'exercer qu'une fois.

Ce délit se commet à l'aide de serviteurs, de domestiques, d'ouvriers; mais cette circonstance n'empêche pas qu'on ne puisse atteindre le vrai coupable, celui qui a donné l'ordre.

L'esclave a-t-il coupé l'arbre de son propre chef, sans que le maître le lui ait commandé, le maître pourra re-courir alors à l'abandon noxal. Il en est de ce délit comme des autres; la même faculté est laissée au maître. Dans tous les cas, si un arbre a été coupé par plusieurs personnes, l'action a lieu contre chacune d'elles pour le tout. Cette disposition tient à la protection dont les Romains environnaient les arbres; on a voulu atteindre d'une manière efficace tous ceux qui contrevenaient aux dispositions de la loi.

De la pénalité.

La grande nécessité de l'arbre aux besoins de la vie humaine avait fait édicter chez tous les peuples des peines sévères contre ceux qui portaient atteinte à ce riche présent de la nature. Une loi de Moïse défendait de couper les arbres fruitiers, même pendant les ravages de la guerre : *Non succides arbores de quibus vesci potes, nec securibus per circuitum debes vastare regionem, quoniam lignum est et non homo, nec potest bellantium contra te augere numerum* (Deuteron, XX, 19.)

Platon, dans sa République, veut qu'on respecte les arbres et les maisons des ennemis, sans arracher ceux-là, sans incendier celles-ci : *Neque regioni vastitatem important, arboribus excisis, ædibusque incensis.* (Lib. 5, *ex versione Serrani.*) Festus parle d'une peine sévère qui atteignait les coupables : *Lege est constitutum ut qui id fecisset capite truncaretur.*

Les décemvirs ne manquèrent pas de donner satisfaction aux intérêts des propriétaires, en insérant dans leurs lois une disposition qui nous a été reproduite par Pline (Hist. nat., l. 16, ch. 1er) et par Paul (l. 9, *ad Sab.*), et qui forme la loi première, D. *de arb. furt. cæsis* : *Qui injuria alienas arbores cæsit, in singulas XXV æris luito.*

L'as romain, appelé autrefois livre, *libra*, était dans son origine la dixième partie du denier, qui valait 10 sols de notre monnaie ; d'où les 25 as équivalaient à 25 sous. C'était une somme peu considérable, surtout pour un arbre de haute valeur. La peine était plus forte lorsque celui qui éprouvait un préjudice pouvait prouver que l'auteur du dommage avait usé de violence et avait coupé les arbres dans le dessein de les voler. Les 25 as étaient la punition de celui qui coupait l'arbre sans l'emporter, qui ne commettait ce délit que pour nuire au propriétaire. Quand on avait coupé l'arbre et qu'on l'avait emporté, la punition était plus grande ; il fallait estimer l'arbre, et le voleur était condamné à payer le double sur le pied de l'estimation.

Servius (comme le rapporte Wissembach, v° *arbores*) dit, en commentant le vers de Virgile :

Atque malæ vites incidere falce novellas,

qu'il y avait autrefois une peine capitale contre ceux qui coupaient les arbres ; capitale en ce sens qu'elle n'entraînait pas une condamnation à mort, mais une condamnation aux travaux publics et à la relégation. Or la relégation était regardée comme une peine capitale. Godefroy dit, dans ses notes, qu'on coupait autrefois la main à celui qui avait coupé un arbre contentieux sans attendre la décision du juge.

Si l'on en croit le témoignage de Pothier, la peine de 25 as était tombée en désuétude, et elle était remplacée par la peine du double, qu'on remarque dans l'édit du préteur.

On double l'intérêt que le maître avait à n'être pas volé ; on déduit préalablement le prix des arbres, et l'estimation se fait sur le surplus. Ainsi l'arbre vivant vaut 50 ; si, une fois coupé, le bois vaut 10, on déduit ces 10, et cela est juste, puisque le bois reste au maître de l'arbre, et on double les 40. Si le bois était emporté, la *condictio furtiva* et l'action de vol trouveraient leur application.

Quand la peine de la loi des XII Tables était en vigueur,

comme la condamnation de 25 as était prononcée pour chaque arbre, on se demandait, quand deux arbres étaient joints l'un à l'autre, s'il fallait appliquer [la peine de 25 ou de 50 as. La réunion des deux arbres les faisait-elle considérer comme un arbre ou comme deux? on distinguait : l'arbre était-il double au-dessus du sol (*gemina*), il y avait deux arbres, quand même il n'y eût qu'un seul tronc; celui qui les coupait était condamné à 50 as. L'arbre, au contraire, avait-il deux souches, et ne présentait-il au-dessus du sol que l'aspect d'un seul tronc, il n'y avait qu'un arbre, et celui qui le coupait était passible de l'amende de 25 as.

Cette distinction ne devait plus avoir lieu depuis que l'édit du préteur avait remplacé la loi des XII Tables. On devait, d'après lui, estimer l'intérêt que le propriétaire avait à n'être pas lésé, on devait en déduire le prix; qu'importe dès lors qu'il y ait un arbre ou qu'il y en ait deux? On estimera le prix de l'arbre ou des arbres; il peut varier. Un arbre peut avoir autant ou plus de valeur que deux; mais on ne sera plus obligé de recourir à la distinction que la loi 10, D. *de arb. furt. cæs.*, nous a révélée.

En résumé donc, l'action *de arboribus furtim cæsis* est une action prétorienne au double, mais comprenant dans le double l'estimation de la chose, persécutoire de la peine, pénale, perpétuelle. Elle n'a pas lieu contre l'héritier, comme les actions actives et passives du défunt, et qui passent à celui qui continue sa personne; mais aussi elle est donnée aux héritiers de la personne lésée, qui peuvent, aussi bien que les autres successeurs, poursuivre les délinquants.

Nous avons dit que les Romains s'étaient quelquefois servi des arbres pour fixer la limite de leurs propriétés. Une peine différente atteignait ceux qui arrachaient ces arbres-bornes. Ils étaient punis suivant leur condition : les esclaves, placés dans la dernière des catégories, étaient envoyés aux mines ; les personnes libres, mais d'une basse condition (*humiliores*), étaient envoyées aux travaux publics; ceux d'une condition plus relevée (*honestiores*) étaient relégués dans une île, et on les privait du tiers de leurs biens. (*Sent.* Paul, l. 5, t. 20, *de pœnis*.) Quelques éditions de Cujas disent aussi qu'ils étaient forcés de s'exiler.

La même peine atteignait ceux qui renversaient les *bodones;* c'étaient des monceaux de terre servant de limites : *tumores ex terra congesta.* Schulting pense que ce mot est d'un âge postérieur, que Paul n'a pas pu connaître les *bodones.*

Il en est de même de ceux qui ont coupé la nuit des arbres à fruit; ils sont condamnés à temps aux travaux publics, ou à réparer le dommage, si on agit par action civile, ou destitués de leurs emplois, ou relégués dans une île, si on agit par l'action criminelle.

Il faut mentionner une condamnation *extra ordinem*, différente également selon la condition du délinquant; elle atteignait ceux qui, en Égypte, arrachent les sycomores ; ces arbres retenaient les digues qui emprisonnaient le Nil : les uns étaient envoyés aux mines, les autres envoyés aux travaux publics. (L. 1, D. *de extraord. crim.*)

En Syrie, il était défendu de vendre ou d'acheter certains arbres consacrés au culte d'Apollon, sous peine d'une amende de 5 livres d'or. (L. 1, Cod. *de cupressis.*)

SECTION III.

Du concours d'actions et de l'application de cette théorie à l'action de arboribus furtim cæsis.

Le principe en cette matière est que nous ne pouvons réclamer par une action nouvelle ce que nous avons déjà obtenu par une première.

Il faut pour cela que le résultat qu'on se propose d'obtenir par la deuxième action soit identiquement le même que celui auquel on est arrivé par la première. C'est ce que les commentateurs appellent le concours *électif.* La deuxième action est absorbée dans la première avec tous ses effets ; si au contraire le résultat n'est pas tout à fait le même, le concours n'existe pas, quoique les commentateurs lui donnent le nom de concours *cumulatif.*

Dans certains cas, le résultat poursuivi par la deuxième action est en partie le même que celui obtenu par la première ; on est alors en présence du concours *partiel.*

Nous n'avons pas à parler des actions de la première catégorie, ni du concours électif.

Disons quelques mots du concours *partiel.* On peut exercer la deuxième action, mais sauf déduction de la somme qu'on a obtenue par la première. Ceci arrivera dans notre sujet quand la deuxième action s'appliquera à l'indemnité et à la peine, alors que la première ne s'appliquait qu'à l'indemnité. (L. 41, § 1er, de O. et A. de Paul.) Voici le texte de Paul qui contient ce principe : *Si ex eodem facto duæ competant actiones, postea judicis potius partes esse, ut* QUO PLUS SIT IN RELIQUA ACTIONE, ID ACTOR FERAT; *si tantumdem aut minus, id consequatur.* On induit de ce texte que la condition exigée est que les actions soient *communes,* qu'on demande le *même objet;* sans cela on ne pourrait parler *ni de plus*, *ni de moins*, *ni du tantumdem*. On a voulu lire *id non sequatur*, ou *nihil*, ou *nil consequatur*, ce qui serait la conclusion logique. Mais le jurisconsulte Paul paraît trouver la condition de ce concours, non dans une communauté du même objet, mais dans une communauté d'origine (*ex eodem facto*), et il appliquera cette règle aux diverses actions pénales qui résultent d'un même délit.

Un exemple d'application se trouve dans l'action de la loi *Aquilia* concourant avec une action résultant d'un contrat, ou l'action *de arborib. furt. cæsis* concourant avec l'action *de locato*. Un fermier coupe des arbres, il est tenu de l'action *locato*; mais cette action est simple ; l'action *de arb. furt. cæsis* se donne au double; si le propriétaire agit par la 1re, il ne pourra agir par la 2me que pour avoir ce qu'il n'a pu obtenir par la 1re. La loi 9 dit *plane una actione contentus esse debet*. D'autres textes, l. 27, § 11, *ad leg. Aquiliam* ; loi 18, *hoc. tit.*; l. 43, *locat.*, etc., disent aussi qu'on doit se contenter d'une seule action ; mais on explique ces textes en disant qu'ils s'occupent du cas ordinaire, de celui où l'action aquilienne et où celle née du contrat ont des effets semblables, où l'estimation artificielle de la loi Aquilia ne donne pas une somme plus forte que celle qu'on peut avoir par l'action du contrat. Quant à notre loi 9 du titre *de arb. furt.*, il faut l'expliquer en disant qu'on ne peut agir par une 2e action, si on a agi d'abord par la plus sévère; c'est ainsi que l'entend Pothier, et son explication est assez rationnelle. Godefroy propose d'ajouter à cette loi 9: *on doit se contenter d'une seule action* PERSÉCUTOIRE DE LA CHOSE. Wissembach, Voet partagent l'avis de Pothier. Nous verrons tout à l'heure que ce n'était pas là le dernier mot du droit romain sur cette question.

Dans une troisième catégorie, nous trouvons le concours

cumulatif; on peut exercer la 2ᵉ action, bien que la première ait produit tous ses effets.

Tel est le cas d'un délit qui engendre plusieurs actions : action en indemnité et action pénale, la *condictio furtiva* qui se donnait contre le voleur, et non pas, comme la revendication, contre tout possesseur. Son but était de faire condamner personnellement le voleur à restituer la chose avec tous ses accessoires; l'action *furti* était au contraire une action pénale, ne tendant qu'à faire condamner le voleur à une peine pécuniaire. Elle se cumulait avec la précédente action, seulement persécutoire de la chose. Mais si, par cette *condictio furtiva*, le propriétaire avait obtenu la restitution de sa chose ou l'estimation, il ne pouvait plus prendre une autre action persécutoire de la chose, une action *ad exhibendum*, par exemple. Mais si la chose avait péri par cas fortuit, le maître ne pouvait plus la revendiquer, il pouvait encore se servir de la *condictio furtiva*; on n'avait pas l'habitude de donner ces deux actions ensemble, on l'avait fait ici en haine des voleurs. Celui qui a coupé des arbres sera tenu de ces actions, s'il les avait enlevés dans l'intention de se les approprier (L. 8, § 2.)

De graves controverses existaient entre les jurisconsultes romains sur les actions pénales nées d'un même délit : Modestin admettait la 1ʳᵉ règle mentionnée ci-dessus, et n'admettait jamais qu'une seule action pénale. Son opinion est mentionnée dans la loi 53 pr., *de ob. et act.* Il a cru qu'il y avait deux actions ayant pour objet deux choses distinctes, tandis qu'il n'y avait que deux actions naissant d'une même source.

Paul admet la seconde action, mais seulement pour le *amplius*; il applique aux actions pénales ce principe qui ne doit pas être étendu hors du cas pour lequel il a été créé. Il en fait l'application dans la loi 1re, *de arb. furt. cæsis.* Cette action *de arb.* a la même cause que la loi Aquilia ; aussi toutes deux sont données pour le dommage causé. Labéon dit qu'on peut donner l'action de la loi Aquilia et celle des XII Tables ; mais Trébatius dit que s'il en est ainsi, c'est seulement pour que le juge déduise sur la dernière ce qui a été payé sur la première : *in posteriore deducat id quod ex prima consecutus est,* et, une fois cette déduction faite, le condamne à payer le surplus.

Enfin, dans un troisième système qui a fini par triompher, toutes les peines peuvent être appliquées intégralement. C'est la théorie de Papinien et d'Ulpien. Ce dernier (l. 60, *de O. et A.*) dit : *Nunquam actiones pænales de* EADEM PECUNIA *concurrentes alia aliam consumit. Consumit* veut bien dire extinction du droit et non de la procédure, car un 1er payement éteint ce droit. C'est tout à fait contraire à l'opinion de Paul. Dans la loi 130, *de reg. juris,* on voit encore : *Nunquam actiones præsertim pænales de* EADEM RE CONCURRENTES, *alia aliam consumit.*

De eadem re veut bien dire que les actions naissent de la même source ; et ces actions pénales peuvent donc toujours s'exercer l'une après l'autre. Le § 1, *I. si quadrupes,* prouve que Justinien partageait l'opinion d'Ulpien. Enfin, Hermogénien donne le dernier mot sur la question : *Cum ex uno delicto plures nascuntur actiones, sicut evenit cum arbores furtim cæsæ dicuntur,* OMNIBUS EXPERIRI PERMITTIT, POST MAGNAS VARIETATES OBTINUIT. (L. 32, D. *de Ob. et Act.)*

Ce texte prouve qu'il y a eu de grandes controverses, et que c'est enfin la solution d'Ulpien et de Papinien qui a prévalu. « L'ensemble de tous ces textes qui se contredisent, dit M. de Savigny, offre un de ces cas où Justinien a voulu donner un fragment de l'histoire du droit ; car, au lieu d'insérer uniquement la règle qui a terminé ce long débat, il reproduit, dans un assez grand nombre de textes, les diverses opinions des anciens jurisconsultes, pour faire mieux ressortir le sens de la décision définitive. Nous ne devons donc considérer les textes de Modestin et de Paul que comme des témoignages historiques sur le développement progressif de la règle qui nous occupe. »

Il faut aussi remarquer que le cumul ne s'applique qu'à la peine, quand il se rencontre deux actions dont l'une et l'autre ont trait à l'indemnité et à la peine : ce qui arrive quand l'action de la loi *Aquilia* concourt avec l'action *de arboribus furtim cæsis*. Hermogénien ne l'a point déclaré ; mais il faut corriger ce que sa règle a de trop rigoureux. Si Ulpien et Papinien ont gardé le silence, c'est, comme le fait remarquer M. de Savigny, que leur attention se portait exclusivement sur le cumul des peines; c'était seulement là l'objet de la controverse. Cette restriction est nécessaire ; on ne peut, en effet, réclamer deux fois la réparation d'un préjudice, car ce ne serait pas une indemnité, mais un bénéfice qu'on solliciterait ; quand on a déjà exercé l'action aquilienne, on ne peut plus exercer l'action *de arboribus furtim cæsis* pour la partie de cette action qui se rapporte à l'indemnité. On se rapproche ainsi de l'opinion de Paul, qui avait compris la nécessité d'une pareille restriction, et qui l'avait exagérée en l'appliquant, dans les deux actions, à la peine elle-même.

C'est ainsi qu'il disait ce que nous voyons dans la loi 11 *de arb.* L'action concourt avec l'interdit *quod vi aut clam ;* si l'on intente l'action de la loi Aquilia contre celui qui a coupé des arbres, il sera libéré sur l'interdit, s'il a été suffisamment puni par l'action aquilienne. On pourra agir encore par l'action de la loi des XII Tables, pour le surplus seulement de ce qui entre dans l'action de la loi

Aquilia. Il faudra dire, avec la doctrine d'Hermogénien, que l'action *de arboribus furt. cæs.* pourra le faire condamner encore à une peine, mais qu'on ne cumulera pas la partie de cette action qui se rapporte à l'indemnité. C'est ce que veut la justice et ce que réclame l'équité (1).

(1) Nous croyons devoir donner l'explication de l'expression latine *arbore infelice,* qu'on rencontre quelquefois dans les textes. Heineccius, dans ses *Antiquités du droit,* dit qu'il y avait des arbres malheureux; c'étaient ceux auxquels on suspendait les coupables. Caton et Pline appellent, au contraire, arbres heureux, ceux qui portent des fruits. Les arbres, malgré toute la vénération dont ils étaient entourés dès les premiers âges, avaient servi encore au supplice des coupables, ainsi qu'on peut le voir dans C. Sigon : *I, lictor, colliga manus, verberato, caput obnubito, arbori infelici suspendito.* L'histoire a conservé quelques traces de ces supplices atroces qu'infligeaient les empereurs romains : Avidius Cassius faisait attacher le coupable à un arbre, et faisait allumer au-dessous de lui un grand feu. Aurélien faisait attacher un coupable aux extrémités réunies de deux arbres rapprochés, qui, en reprenant leur position verticale, écartelaient le patient.

DEUXIÈME PARTIE.

ANCIENNE JURISPRUDENCE.

CHAPITRE PREMIER.

DROIT CIVIL.

SECTION PREMIÈRE.

Des différentes dénominations du mot arbre.

Le mot *arbre*, au dire de Guichard (1), vient de l'hébreu *abad*, d'où on a fait *arbor*. C'est, comme le définit Merlin, une plante *boiseuse*, qui croît en hauteur et grosseur plus que toutes les autres plantes ; c'est, comme le décrit Paillet, le plus grand, le plus beau, le plus parfait des végétaux, trouvant dans ses graines, dans ses racines, dans ses branches, la triple faculté de se reproduire.

Parmi les nombreuses dénominations du mot *arbre*, nous devons seulement dire un mot des principales et de celles qui peuvent être utiles à connaître au point de vue de l'application des peines. Ainsi, par exemple, ceux qui déshonorent un arbre sont punis comme s'ils l'avaient coupé. *Déshonorer*, c'est couper seulement la cime et les branches. On dit aussi arbre *éhoupé*.

(1) *Dict. de Trévoux*, v° arbre.

Un arbre *de délit* est celui qui est coupé en contravention à la loi, soit dans les bois du roi, soit dans ceux des ecclésiastiques ou des particuliers.

Un arbre *pérot* est celui qui a deux âges de la coupe du bois; dans les coutumes du Boulonnois, de Montreuil, de St-Pol, on l'appelle aussi *baliveau* sur taillis.

Le *tayon* est celui qui a trois âges de la coupe du bois.

Un arbre *charmé* est celui qu'on a entamé pour le faire périr.

On appelle *arsins* ceux auxquels on a mis le feu.

Un arbre *chablis* est un arbre abattu par les vents.

Un arbre *faux venté* est celui qu'on a fait tomber à l'aide de quelque machine, de telle sorte qu'il semble que ce soit le vent qui l'ait renversé. Cette dénomination s'applique encore à celui qu'on a *déchaussé* pour que le vent pût facilement le jeter à terre.

Les arbres de réserve sont les baliveaux laissés dans chaque coupe pour repeupler les forêts, ou encore les *pieds corniers,* parois ou arbres de lisière que l'arpenteur laisse autour des ventes pour en marquer les limites. Un arbre *encroué* est celui qui tombe sur d'autres arbres qu'il endommage.

Les *pieds corniers* sont ceux qu'on marque dans les angles; les *pieds tournants,* ceux qui sont dans les angles rentrants. Ces arbres doivent être marqués des marteaux du roi, du grand maître et de l'arpenteur, sur les deux faces qui regardent la vente.

Les *arbres de lumière* sont laissés par les arpenteurs au milieu des brisées pour faciliter leurs opérations.

Les *arbres empruntés* sont ceux que l'arpenteur marque ou emploie comme pieds corniers, quoiqu'ils ne soient pas directement dans les angles des ventes à couper : ce qui a lieu lorsque, dans ces angles, il ne se trouve pas d'arbres assez considérables pour pieds corniers.

De la distance à observer dans les plantations.

Voyons quelles distances observaient nos principales coutumes, et parlons d'abord de celles qui étaient soumises au régime des pays de droit écrit. Le droit romain, en vigueur dans quelques-unes, n'était pas observé dans les autres; on ne peut donc procéder que par voie d'énumération; les dispositions sont trop variées pour qu'on puisse les rattacher toutes à une même règle.

Dans la ville de Toulouse, on suivait les dispositions de *l'attestatoire* des capitouls du mois de janvier 1563 , « par lequel, après une vérification faite par les experts à la réquisition d'un particulier, ils déclarèrent qu'il n'était pas permis à un propriétaire de planter saules ou autres *arbres* joignant les terres de son voisin qu'il n'y ait la distance de douze pans. » (Soulatges, cout. de Toulouse, p. 2, p. 139.) Ces 12 pans forment à peu près huit pieds. Dans les jardins, la tige des arbres en espalier devait être éloignée de six pouces du mur mitoyen et de dix-huit du mur non mitoyen, sans même que, dans ce dernier cas, les branches de l'espalier pussent y être attachées. (Soulatges, p. 141.)

Un statut du parlement d'Aix (rapporté par Bomy, chap. 2) détermine qu'on doit planter les arbres une *canne* (5 pieds 1|2) loin de la propriété du voisin.

Un arrêt de règlement du parlement de Grenoble du 8 novembre 1612 fixe une distance de 6 pieds pour la plantation des arbres près du fonds voisin, sans distinguer les terres labourables des vignes, et une distance de trois toises pour les plantations près des bâtiments, à peine de 200 livres d'amende en cas de contravention. Cet arrêt contient même une disposition assez étrange ; il permet de faire couper les arbres ci-devant plantés, en dégrevant les parties à dire d'experts. Ne serait-ce pas le cas de dire avec la loi romaine : *Leges et constitutiones futuris certum est dare formam negotiis, non ad facta præterita revocari.* (L. 7, C. de *legibus.*) (Basset, t. 2; l. 4, t. 16. ch. 1.)

Quant aux pays coutumiers, les dispositions relatives à notre sujet étaient encore plus variées ; nous devons passer en revue les principales.

La coutume de Paris n'établit aucune règle pour la fixation de la distance ; elle se réfère seulement au principe d'équité, et exige que l'arbre ne nuise pas au fonds voisin. On était donc obligé de consulter la nature et l'essence des arbres ; ainsi, par exemple, 18 pieds n'auraient pas suffi pour des ormes, à moins que le propriétaire ne se soit engagé à les faire ébrancher.

Dans les jardins, surtout à la ville, on n'observe pas non plus de règle fixe sur la distance à observer dans les plantations ; il faut que les arbres soient placés de manière qu'en grossissant ils ne dégradent pas les murs mitoyens par leurs racines, et que leurs branches ne soient pas attachées à ces murs. (Goupy sur Desgodets, *L. des bâtim.*, p. 386 et s.)

Il s'était élevé une question, celle de savoir si un propriétaire pouvait faire arracher à son voisin des tilleuls plantés en éventail à un pied du mur voisin ; par sentence du 21 juillet 1752, le demandeur fut débouté de sa demande, à la charge que le voisin ferait ébrancher annuellement les arbres du côté du mur.

Cette sentence et un arrêt du 5 août 1606 ont été cités dans une contestation qui s'est élevée dans la coutume du Maine. Un propriétaire voulait empêcher son voisin d'avoir des pommiers plantés depuis 15 ans à un ou deux pieds d'un fossé qui séparait les deux héritages ; il ne réussit pas dans sa demande ; une sentence du bailli de Lassay, du 9 février 1757, confirmée par la sénéchaussée du Mans le 19 avril 1758, et un arrêt du parlement de Paris du 4 septembre 1759, condamnèrent ses prétentions.

Le motif de ces différents arrêts est, comme l'indique Denizart, qu'on n'avait encore souffert aucun préjudice, soit parce que les arbres étaient à une distance raisonnable, soit, comme dans la dernière espèce, que le fossé avait une largeur suffisante pour empêcher les racines de pénétrer dans l'héritage voisin.

Ainsi, c'est le principe d'équité qui domine dans la coutume de Paris. Bien que l'arbre soit planté à la distance prescrite, on peut toujours forcer le propriétaire voisin à élaguer les branches qui pendent sur son héritage.

Coutume d'Orléans. L'art. 259 de cette coutume porte « qu'il n'est pas loisible de planter ormes, noyers ou chênes au vignoble du bailliage d'Orléans plus près de son voisin que de quatre toises, ni de planter haies vives plus près de son voisin que de pied et demi, et ladite haie sera d'épine blanche et non d'épine noire ; » car, comme le dit Boucher d'Argis (dans son *Code rural*), la noire pullule et étend ses racines beaucoup plus loin que l'épine blanche.

Lalande remarque sur ce texte que : « la coutume est *défectueuse et imparfaite*, en ce qu'elle n'ordonne rien concernant les poiriers, pommiers et autres *arbres* qui sont parmi les vignes, hors les trois espèces qu'elle énumère ; elle ne prescrit point comment on doit tenir les arbres sans incommodité d'autrui, dans les terres de labour, pacages et prairies, en Beauce, Sologne et ailleurs ; à quoi néanmoins il aurait été nécessaire de pourvoir, attendu que la disposition contenue en cet article n'y a pas lieu et ne peut être étendue auxdits cas qui ont été omis. Enfin, ajoute le commentateur, il n'y a aucun règlement pour les arbres qui

minent les bâtiments dans la ville ou la campagne, bien
que la ressemblance et connexité du sujet et matière en
désirât un. Puisque tous ces chefs ont été passés sous silence,
il faut les suppléer des décisions de la jurisprudence romaine, qui *peuvent* servir d'exemple et de *modèle* pour terminer pareilles difficultés ; le droit en dispose ainsi. »(Lal.,
p. 270, édit. de 1673.)

Voilà donc (s'écrie M. Prost de Royer, dans le *Dict. des
Arrêts*) « comment se trouvent rédigées celles de nos coutumes qui ont cependant le plus de mérite! Celle de la capitale ne dit rien, celle de la ville voisine ne parle que d'un
seul objet parmi tant d'autres également nécessaires. Nos
détracteurs modernes ne sont-ils donc pas bien judicieux
et bien éclairés, lorsqu'ils viennent déclamer, crier contre
l'étude et l'usage du droit romain, après que les meilleurs
auteurs coutumiers eux-mêmes sont forcés de convenir
qu'il faut suppléer leurs compilations défectueuses et im-
parfaites des *décisions de la jurisprudence romaine qui peuvent (et doivent) servir d'exemple et de modèle!* »

La coutume de Boulonnois porte que le propriétaire qui
a des arbres dont les branches pendent sur l'héritage voisin
peut être sommé de les retrancher, sous peine d'amende.
Basnage observe que l'usage le plus général, en Normandie, est de planter toute *sorte d'arbres*, sans distinction, à 7
pieds de la terre voisine ; mais que cette distance n'est pas
assez grande pour le vignoble, à qui le moindre ombrage
apporte beaucoup de dommage. Il ajoute que l'on doit s'occuper non-seulement de la distance à laquelle on peut planter, mais encore de la manière dont l'on doit tenir les arbres,
afin que par leur ombre, par leurs racines et par leurs branches, ils ne causent aucune incommodité, surtout aux terres
ensemencées.

La coutume de Limoges ordonne à celui qui plante un

arbre dans son fonds de laisser 6 pieds de distance entre cet arbre et la terre de son voisin, et d'arracher tous les arbres plantés à une distance moins éloignée.

Souchet, sur la coutume d'Angoumois, nous dit qu'on suit les dispositions du droit romain, c'est-à-dire une dis-tance de 9 pieds, pour les noyers, châtaigniers, arbres dont l'ombrage prend une grande étendue; et qu'on suit la juris-prudence du Mans pour les pommiers, poiriers et arbres qui n'étendent pas beaucoup leurs branches et racines. Souchet avertit qu'il est toujours prudent de laisser une distance plus grande entre les arbres et les héritages qui les avoisinent.

Cette assertion de Souchet n'est-elle pas la preuve la plus évidente de l'insuffisance de cette coutume? Est-ce à la pru-dence ou à la loi qu'il convient de régler les plantations?

M. de Parence, en ses Mémoires, dit qu'il a appris que, le 17 août 1684, il avait été publié une ordonnance au prési-dial du Mans, par laquelle il est permis à tous propriétaires des vignes d'abattre les arbres des voisins qui ne sont pas éloignés de douze pieds. (Brodeau, art. 463.) Si les arbres ne sont pas proches des vignes, il est permis aux propriétaires des maisons d'abattre par le pied les arbres de leurs voisins qui portent sur leurs toits; si les arbres penchent sur un champ, il est permis aux propriétaires de couper les bran-ches jusqu'à une hauteur de 15 pieds, ce qui est conforme au droit. Ces dispositions sont communes à la coutume d'Anjou, et rapportées par Olivier de Saint-Vast, dans son *Commentaire.*

Un arrêt du parlement de Rouen du 17 août 1751 établit, dans son article 5, qu'on ne peut planter des poiriers ou pommiers qu'à 7 pieds de distance du fonds voisin; des arbres de haute futaie dans les terres non closes, qu'à 7 pieds; si le terrain voisin était occupé par un vignoble, les poiriers ou pommiers ne peuvent être plantés plus près de 12 pieds du vignoble, et les arbres de haute futaie plus près de 24 pieds ; pour le bois taillis, il faut observer une distance de 7 pieds, quand il n'y aura pas de séparation, et une de 5 pieds, quand il y aura un fossé de séparation ; un pied et demi pour les haies à pied, à la charge de les tondre tous les six ans du côté du voisin, et de les tenir à la hauteur de 5 à 6 pieds ; 3 pieds pour le jonc marin.

L'article 16 de la rubrique 10 de la coutume d'Aost fixe la distance des plantations à trois pieds, et, au cas d'une distance plus rapprochée, permet au propriétaire voisin d'arracher la plantation.

§ 1er.

De la prescription.

Au Code de Justinien, on trouve une loi 6, Cod. *finium regund.*, qui avait admis une prescription trentenaire au lieu d'une prescription centenaire, dans toutes les questions de bornages et de limites.

Un arrêt du parlement d'Aix du 16 mai 1665 jugea qu'on pouvait prescrire par 30 ans le droit de conserver des arbres plantés en deçà de la distance requise par le statut local.

Un autre arrêt du 22 décembre 1674 admet cette prescription. (Boniface, t. 1er, p. 482.)

C'est aussi l'avis de l'auteur du *Code rural* (Boucher d'Argis, art. 7), de Henrys, t. 1er, l. 4, ch. 6, quest. 80.

D'autres pensaient au contraire qu'un arbre même possédé pendant 30 ans pouvait toujours être arraché, s'il n'était pas planté à la distance requise. Ainsi Valla (Pierre Duval), *de rebus dubiis*, dit: *Nullam præscriptionem allegari posse quin arbor extra modum posita, exscindi nihilominus possit.*

Nous croyons devoir embrasser l'opinion de Boucher d'Argis. Sans doute l'arbre peut être considéré comme n'étant pas susceptible de possession continue ; on ne peut savoir, quand on le plante, à quelle hauteur il pourra s'élever, quelle grosseur il pourra avoir. Mais le voisin doit prévoir que l'arbre va grossir ; s'il garde le silence pendant 30 ans, il laisse naître contre lui une fin de non-recevoir bien légitime par suite de sa réclamation tardive. Les coutumes sont moins formalistes que le droit romain ; leur équité ne répudiait pas cette solution.

Brillon rapporte, d'après Corbin, un arrêt du parlement de Paris qui est dans notre sens : Perdrigeon intente une action à Girardon pour lui faire arracher des arbres proches de sa terre, et le faire condamner, suivant la loi *quinque pedum*, C. *finium reg.*, à les arracher. Perdrigeon soutenait que ces arbres étaient nourris en sa terre et y faisaient beaucoup de dommage. Girardon obtint lettres pour prouver que depuis 30 ans lui ou ses auteurs avaient toujours ainsi joui des arbres. La Cour absout Girardon, et condamne Perdrigeon aux dépens de la cause principale, jugeant que la loi *quinque pedum* n'avait pas lieu en France. (Arrêt du 5 août 1606, Brillon, t. 1er, p. 239 et 240.)

Nous devons toutefois mentionner deux arrêts du parlement de Dijon qui sont en sens contraire : arrêts des 9 août 1743 et 5 juillet 1745, rapportés par Davot et Bannelier (t. 2, p. 184).

§ II.

Des fruits.

Nous avons vu que la loi romaine les donnait au propriétaire de l'arbre.

Les coutumes n'ont pas encore sur ce point une règle

invariable, même dans chaque province. Un arrêt du parlement de Rouen, du 22 mars 1629, les donne par moitié au maître de l'arbre et au maître du terrain sur lequel ils sont tombés.

Un autre arrêt du même parlement, du 1er août 1669, les attribue au propriétaire de l'arbre. Un troisième arrêt, du 26 mars 1629, accorde au voisin les fruits à recueillir sur les branches qui pendent sur son héritage. Basnage concilie ces arrêts en disant que celui du 1er août 1669 avait été rendu sur des circonstances particulières. Il n'est pas possible, dit-il, que les branches qui s'étendent sur le fonds du voisin ne lui causent quelque incommodité ; mais, comme le droit de voisinage oblige les voisins à souffrir quelque incommodité les uns pour les autres , il semble équitable de donner une portion des fruits à celui qui souffre le dommage et qui traite son voisin favorablement en ne le contraignant pas de couper et de retrancher les branches de son arbre. (Basnage sur l'art. 608, cout. de Normandie, t. 2, p 572.)

Cette division des fruits entre les deux propriétaires est fondée sur les dispositions de la loi romaine, qui regarde comme communs les arbres placés sur les limites de deux fonds voisins. Chopin dit que celui des propriétaires qui a seul recueilli les fruits peut être poursuivi par l'autre propriétaire, qui a droit d'exiger qu'on lui tienne compte de la moitié de ces fruits ou de leur valeur : *Si unus ex confinio solus perceperit fructus, communi dividundo actione, cum vicino fructus perceptos tenetur communicare.* (Chopinus, *De privil. rust.*, lit. 2, cap. 11.)

La coutume de Bassigny, rédigée le 8 octobre 1580, dit dans l'article 193 : « Quand il y a arbres fruitiers au confinage de l'héritage de deux voisins, encore que ledit arbre soit enclos au fonds de l'un, si est ce que la moitié des fruits qui tombent sur l'héritage de son dict voisin, se partage en deux parts, etc..... »

L'art. 42 du tit. 24 de la coutume de Malines établit un partage à peu près analogue : *Arbores quæ in communibus septis in limine ipso constitutis crescunt , aut in communi prædio , communes sunt , nec respicitur cujus opera sunt plantatæ.*

La coutume de Bergh-Saint-Vinox contient la disposition suivante : « Celui qui a des arbres à fruits dont les branches pendent par-dessus l'héritage de son voisin doit couper les branches qui pendent par-dessus, ou abandonner au profit de son voisin la moitié de tous les fruits qui pendent ainsi par-dessus , au choix et à la volonté de son voisin. » (Rubrique 15, art. 33).

Boucher d'Argis, dans son *Code rural*, admet que le propriétaire voisin peut prendre les fruits des branches qui pendent sur son fonds ; en quelques endroits, on ordonne qu'ils seront partagés par moitié, ce qui dépend de l'usage du lieu et des circonstances. Ce partage avait encore lieu dans la coutume d'Anjou. (Brodeau, art. 207, arrêt de Lamoignon, serv. art. 21.)

En Bretagne , suivant Perchambault, le plus commun usage est que les fruits seront toujours aux propriétaires des arbres, et les feuilles à celui chez qui elles se trouvent. (Titre 15, § des facultés et servitudes.)

Coquille, dans ses réponses sur les coutumes de France , après avoir exposé la doctrine romaine, raconte un expédient que pratiquent les gens de village, et qu'il trouve même assez raisonnable : le maître de l'arbre a le droit de monter dessus pour cueillir les fruits, mais ce qui en tombe appartient au voisin ; c'est une récompense du dommage que l'arbre peut porter par son ombre et pour éviter l'inconvénient de faire retrancher l'arbre.

5

C'est ce que dit Ferrières sur la coutume de Paris (t. 2, p. 1606). L'usage en France est que, si un propriétaire veut bien souffrir que l'arbre du voisin jette ses branches sur son héritage, il lui est permis de prendre les fruits de ces branches. Tel est aussi l'avis de Boucheul sur la coutume de Poitou. La coutume de Sédan donnait le tiers des fruits au voisin, et les deux tiers au maître de l'arbre.

Dans toutes ces coutumes, on suivait la même distinction pour la tonte et l'élagage que pour les fruits.

§ III.

Branches et racines.

Nous n'allons pas trouver dans notre ancienne jurisprudence la même rigueur qu'en droit romain. Il a toujours été permis à chacun de couper sur son fonds les racines des arbres voisins, sans encourir aucun reproche, comme l'observe Basnage sur l'art. 608 de la coutume de Normandie. On ne devait pas seulement, dit-il, « s'occuper de la distance des plantations, on devait encore faire attention à la manière de tenir les arbres, afin que par leur ombre, leurs branches, leurs racines, ils ne causent aucune incommodité aux terres ensemencées. »

Nous avons vu qu'en droit romain le propriétaire voisin ne pouvait couper les racines de son autorité privée; il devait se pourvoir devant le magistrat, et faire dire que le voisin ne doit pas avoir un arbre qui se nourrisse aux dépens de sa terre. (L. 6, § ul., D. de arb. furt.) La loi 1re, § 6, h. t., disait que le maître de l'arbre devait être en demeure de le couper pour que ce droit passât au voisin; celui-ci n'avait donc ce droit que sur le refus du maître de l'arbre, après sommation par lui faite pour le mettre en demeure ; et encore, selon Voet, n° 3, *h. t.*, fallait-il que le voisin obtînt du juge la permission de le couper.

Les branches et les racines ne doivent pas nuire au fonds voisin. (Ainsi jugé par arrêt du parlement de Paris, du 15 juillet 1603. — Leprêtre, centurie 4, cap. 57.)

Un arrêt du parlement de Dijon, du 3 mai 1578, décide que des particuliers peuvent couper, à la hauteur de 15 pieds, les branches des arbres d'autrui qui ombragent leurs héritages. (Bouvot, t. 1, p. 2, v° ombrage.)

Un arrêt du parlement de Flandre, du 10 mai 1776, prouve que, d'après l'usage de ce pays, les propriétaires avaient le droit d'élaguer, de leur autorité privée, les rejets, ronces et broussailles qui s'étendraient sur leurs terrains.

La distinction que le droit romain faisait entre les arbres qui penchent sur une maison et ceux dont les branches se projettent sur un champ, paraît avoir laissé quelques traces : d'après Bouvot (*loc. cit.*), les arbres doivent être entièrement coupés lorsqu'ils penchent sur des maisons.

Davot et Bannelier citent même un arrêt du 17 juin 1701, qui ordonna d'arracher, après la récolte, deux noyers qui ombrageaient une vigne (tom. 3, p. 252 et 253). Ainsi, comme on le voit par ces deux arrêts, la distinction n'est pas nettement posée ; ce qui est certain, c'est, comme le dit Boucher d'Argis (art. 6 C. R.), que le voisin a le droit de couper les branches et les racines qui avancent sur son héritage. (Lommeau, max. 43 ; Lalande, 259 ; Basnage, art. 508.)

Un arrêt du parlement de Rouen, du 17 août 1751, établit dans son art. 6 le droit pour le voisin d'élaguer jusqu'à la hauteur de 15 pieds, et en outre de faire couper la partie des branches qui s'étendent sur son terrain. Cette disposition est également suivie dans les coutumes d'Anjou et de Poitou.

S'il s'agissait d'arbres fruitiers, l'élagage devait être fait jusqu'à une hauteur de 14 pieds, dans la coutume de Clermont : « Quand de l'arbre fruitier du jardin les branches s'étendent sur le jardin voisin, il loist au seigneur dudit jardin les esquisser de 14 pieds de hauteur, sans entrer toutefois au jardin de son voisin pour le faire. » (Chap. 19, art. 11.)

L'art. 13 de cette coutume réduit l'élagage à 12 pieds pour les pommiers et poiriers sauvages.

Les autres coutumes ne contiennent pas de dispositions analogues.

De la propriété.

§ Ier.

De la propriété des arbres plantés sur les limites de deux héritages voisins.

Un arbre naturellement bien droit, dit Fréminville (*Prat. des terriers*, p. 388, t. III), dont le tronc et la tige sortent d'un héritage, doit être déterminé appartenir au maître de cet héritage.

Coquille (dans ses quest. et rép. sur les cout.) partage cet avis. Mais s'il advient que l'arbre soit au confin de deux héritages appartenant à deux personnes, et si le tronc se trouve dans l'un des héritages et les racines dont l'arbre est *substanté* et nourri dans l'autre, à qui l'arbre appartiendra-t-il ?

Il y a deux présomptions, dit Coquille : l'arbre appartient au maître de l'héritage dans lequel se trouve le tronc ; c'est ainsi qu'il entend la loi romaine *si plures*, § ult., D. *de arb. furt.* Les racines sont accessoires au principal de l'arbre, qui est le tronc, et suivent la nature du principal. Ainsi faut-il dire quand il n'appert pas en quel héritage sont les principales racines.

La seconde présomption est que l'arbre appartient au maître de la terre en laquelle sont les racines : « Doncques si le confin à deux héritages se trouve en pendant, ou bien que l'arbre de soy soit courbé et pendant en sorte que par l'inspection du dehors se puisse connaître que toutes les racines ou la plupart soient en l'héritage plus bas, jaçait que le commencement du tronc qui sort de terre apparaisse du tout en l'héritage haut, je crois que l'arbre appartiendra à celuy en l'héritage duquel sont toutes les racines. Mais si par l'extérieur il ne peut apparaître des arguments cy-dessus, il faut dire que l'arbre est commun par moitié aux deux voisins. »

De Fréminville avait dit aussi : Si l'arbre est situé dans un héritage en pente, et qu'il ait ses racines en l'héritage supérieur, quoiqu'il paraisse sortir de l'héritage inférieur, il appartiendra au fonds dominant. C'est aussi ce que décide Bunod dans son Traité des présomptions, page 118. (Conf. Boucher d'Argis, t. 1er, p. 139.)

Nous ne croyons pas, comme Coquille, que le droit romain ait entendu attribuer la propriété de l'arbre au maître du terrain en lequel se trouvait le tronc, quand les racines étaient dans un autre héritage. Nous avons expliqué la loi *si radicibus vicini arbor alatur, tamen ejus est in cujus fundo origo ejus fuerit*, en disant, avec de nombreux commentateurs, que l'arbre, dans cette loi, n'envoyait dans le fonds voisin qu'une partie seulement de ses racines. Nous pensons que le droit romain n'accordait la propriété de l'arbre qu'à celui dans l'héritage duquel il envoyait toutes ses racines ; il ne se guidait pas sur la situation du tronc.

Dans notre ancienne jurisprudence, il était de droit com-

mun que celui qui voulait planter un arbre dût observer
une certaine distance; sinon, les arbres appartenaient en
entier au maître de l'héritage sur lequel ils étaient plantés,
lors même que les racines pénétraient chez le voisin; on ne
laissait pas, comme à Rome, d'espace vide entre les héritages;
il était donc impossible de trouver des arbres plantés sur le
confinium; on pouvait en trouver plantés sur la ligne séparative des héritages, et alors, s'il y a des arbres fruitiers,
comme le dit la coutume de Bassigny, au confinage de l'héritage de deux voisins, et si ledit arbre est entre les deux
autant d'une part que d'une autre, ils se partagent les fruits.

Si deux voisins plantent un arbre pour séparer leurs
héritages, ils ont droit à la moitié des fruits, à la moitié de
l'arbre coupé ou à la moitié du prix. C'était un usage renouvelé des Romains que de marquer ainsi par des arbres la
limite des héritages. Nous verrons plus loin quelles peines
frappaient ceux qui les arrachaient. La loi Salique les appelait des arbres marqués, *arbores signatæ;* nous avons également vu que les jurisconsultes romains s'étaient servis de
cette expression.

§ II.

Droits du propriétaire.

Le propriétaire peut user de sa chose comme bon lui
semble; il peut laisser ou croître ses arbres, ou les abattre,
ou les arracher, et disposer du bois et des racines. Cette
règle souffre des modifications qui résultent du voisinage
et des servitudes.

Mais si l'exercice de cette jouissance lèse les droits d'autrui, le propriétaire n'est pas tenu de lui sacrifier sa
propriété: *Nullus enim videtur dolo facere qui suo jure
utitur.*

Si donc j'ai un arbre planté à la distance exigée par le statut du lieu, et si cet arbre empêche le vent de faire tourner votre moulin, vous n'êtes pas fondé à m'attaquer pour me faire couper mon arbre. (Ainsi jugé par arrêt du parlement de Toulouse, du 27 août 1604. — Cambolas, l. 3, ch. 13, p. 222.)

L'art. 31 du tit. 15 de la coutume de Bergh-Saint-Vinox, contenait, au contraire, une prohibition relative aux moulins à vent.

L'art. 77 de la coutume du Franc-de-Bruge avait une disposition encore plus rigoureuse ; elle contenait une prohibition absolue, qui n'avait pas même besoin d'être réclamée par le propriétaire du moulin. Cette coutume ne faisait même pas la distinction des arbres plantés ou des maisons construites avant l'érection du moulin.

La rareté des moulins à vent, la nécessité d'encourager dans ces localités leurs constructions pouvaient autoriser ces mesures ; mais aujourd'hui que les moulins à vent sont communs, ce serait une véritable violation du droit de propriété que de souffrir une pareille prohibition.

Aussi un édit du 13 août 1776 est-il venu lever cette obstacle au droit de la propriété ; il a le soin de dire qu'il déroge à cet article de la coutume de Bergh-Saint-Vinox , mais pour l'avenir seulement.

§ III.

Obligations du propriétaire.

C'est une obligation pour les propriétaires de faire écheniller pendant l'hiver et de brûler les toiles ou bourses dans lesquelles les chenilles s'enveloppent et déposent leurs œufs. Ce soin, auquel chaque particulier a suffisamment d'intérêt, est néanmoins tellement négligé , que l'autorité publique a été souvent obligée de le prescrire, en établissant des peines contre ceux qui y manquent. On trouve à ce sujet dans le *Code rural*, t. 2, p. 473, aux pièces justificatives, un arrêt du parlement de Paris, rendu sur le réquisitoire du procureur général , du 4 février 1732 , dont voici le dispositif :

« La Cour ordonne que dans huitaine, à compter du jour de la publication du présent arrêt, tous propriétaires , fermiers ou autres , faisant valoir leurs propres héritages ou exploitant ceux d'autrui, seront tenus, chacun en droit soi, d'écheniller ou faire écheniller les arbres étant sur lesdits héritages, à peine de trente livres d'amende ou autre plus grande s'il y échoit, et d'être en outre responsables des dommages et intérêts des parties ; ordonne pareillement que les bourses et toiles qui seront tirées des arbres, haies ou buissons, seront sur-le-champ brûlées dans un lieu de la campagne où il n'y aura aucun danger de mettre le feu ; à quoi faire seront tenus les officiers tant royaux que subalternes de tenir la main, et pareillement les syndics des paroisses tenus d'y veiller sous les peines ci-dessus. »

Avant cet arrêt, on n'avait eu recours qu'aux exorcismes et aux réquisitoires. Un historien du Dauphiné, Chorier, raconte que vers le commencement du XVIe siècle, les chenilles s'étaient tellement multipliées dans cette province , que le procureur général crut devoir faire un réquisitoire pour leur enjoindre de *déguerpir et vider les lieux*. Peu après, en 1513, un membre de la municipalité de Grenoble demandait qu'on priât « M. l'official de vouloir excommunier lesdites bêtes et procéder contre elles par voies de censure, pour obvier aux dommages qu'elles faisaient journellement et qu'elles feraient à l'avenir. » Le conseil prit un arrêté conforme.

L'année 1731, dit Fournel, fut si favorable à la germination des œufs des chenilles, que, dans une grande partie de la France, on vit se renouveler le fléau des sauterelles d'Égypte. L'arrêt que nous venons de citer de 1732 vint mettre un terme à ces malheurs.

Le parlement rendit encore un autre arrêt le 29 janvier 1777. L'administration prit aussi ses mesures ; une ordonnance de l'intendant de Paris, du 2 mars 1738, enjoignit à tous les habitants de rechercher les chenilles, même celles qui se trouveront dans les rues, et de les brûler.

§ IV.

Des exceptions à la règle que l'arbre appartient au maître de l'héritage sur lequel il a été planté.

Nous supposons qu'il s'agit d'un arbre planté au milieu d'un champ, et non plus auprès de la limite. Cet arbre appartient au maître de l'héritage : voilà la règle.

Trois exceptions se présentent : la première est relative à l'arbre planté dans le terrain d'autrui; la deuxième est relative aux arbres des pépinières ; la troisième, à l'arbre planté par un fermier ou un locataire. Nous allons en parler successivement; mais, comme la distinction des arbres en meubles et en immeubles domine les deux premières exceptions, nous allons préalablement en dire quelques mots.

Les arbres sont meubles ou immeubles. Cependant quelques coutumes, celles de Montreuil, Boulonnais, Lille, Douai, admettaient une troisième division, les *catteux*. Ce sont des immeubles auxquels on donne les mêmes attributs et les mêmes effets qu'aux meubles; ils sont verts ou secs. Nous n'avons qu'à parler des premiers, qui se rapportent aux arbres. Pour qu'une chose soit immeuble, il ne suffit

pas qu'elle ne puisse être transportée d'un lieu à un autre.
il faut de plus qu'elle rapporte un revenu. Les coutumes citées
ci-dessus appellent *catteux* les arbres qui ne produisent
pas de fruit; on cite un exemple dont nous ne garantissons
pas l'authenticité : les chênes au-dessous de 7 ans et *après
60 ans* ne produisent plus de gland; ils sont catteux. (Article 1er, t. 7, cout. de la châtellenie de Lille.) Un arbre
fruitier non greffé est rangé parmi les catteux, parce qu'on
ne peut en tirer aucun profit. Les arbres de haute futaie
qui croissent dans les bois taillis, et les bois taillis eux-
mêmes lorsqu'ils ont passé le temps de la coupe et lorsque
le propriétaire veut les laisser parvenir à maturité, sont
dans les catteux. Bouteiller, dans sa *Somme rurale*, l. 1, t. 74,
p. 420, ne parle pas de cette distinction : « Saches que tous
arbres portant fruit sont héritages, fors cerisier, nestlier non
entés qui sont meubles; pruniers, cerisiers qui portent
grosses cerises sont héritages; tous autres arbres sont tenus
pour meubles. »

Les autres coutumes suivaient la distinction des arbres
en meubles ou immeubles, suivant qu'ils tenaient ou non au
sol : « Bois coupé, bled, foin ou grain soyé ou fauché, supposé qu'il soit encore sur le champ et non transporté, est
réputé meuble; mais quand il est sur pied et pendant par
racines est réputé immeuble. » (Art. 92 cout. de Paris.)

Mais il faut signaler deux exceptions à cette règle de la
distinction des arbres en meubles ou immeubles; ces deux
exceptions sont précisément les mêmes que celles annoncées
plus haut, et qui viennent aussi restreindre la règle que
l'arbre appartient au maître de l'héritage sur lequel il est
planté.

No 1. La première exception concerne l'arbre planté par
erreur dans la terre de quelqu'un à qui il n'appartient pas;
il conserve la qualité de meuble jusqu'à ce qu'il ait pris

racine. C'est l'application de la loi romaine : les arbres sont l'accessoire du sol ; ils cessent d'appartenir au premier maître dès qu'ils ont pris racine dans le fonds d'autrui. Un tel arbre ne fera donc pas partie du fonds dans lequel il a été planté, s'il a été réclamé avant qu'il n'y ait jeté ses racines.

Mornac dit à ce sujet qu'on ne doit pas s'occuper du temps qui s'est écoulé depuis la transplantation. Il dit l'avoir ainsi décidé en consultation en 1617, suivant l'avis de Dumoulin. (Mornacius, t. 1, p. 470.)

Nº 2. La deuxième exception concerne les arbres des pépinières.

Un établissement, dit Denizart, bien propre à donner le goût des plantations, est celui des pépinières publiques. Charlemagne en avait sans doute eu l'idée dans son célèbre capitulaire *de villis*. Il y ordonne à son jardinier d'avoir des arbres à fruit de toutes les espèces, pruniers, sorbiers, néfliers, mûriers, etc. Un tel assortiment était sans doute encore plus fait pour satisfaire au penchant libéral de l'empereur que pour les simples besoins de son palais.

Louis XV a perfectionné, après bien des siècles, les vues de Charlemagne.

Un arrêt du conseil du 9 février 1767 veut qu'on fasse à la Rochette, près Melun, une pépinière de plants forestiers, d'arbres fruitiers, d'arbres étrangers, d'arbres d'alignement, lesquels seront distribués gratuitement, savoir : les arbres fruitiers, principalement aux gens de la campagne ; et toutes les autres espèces d'arbres, à ceux qui se proposeront de faire des plantations. Les dispositions de cet arrêt sont d'autant plus intéressantes, que S. M., pour en donner l'utilité, veut que cette pépinière soit cultivée par des enfants trouvés qu'on instruira dans la culture de toute espèce de plantes, et qu'on tirera ensuite de la Rochette pour cultiver les autres pépinières que le roi se propose d'établir dans les différentes provinces du royaume.

Il n'y a guère de seigneur un peu soigneux, s'il faut en croire M. Fréminville (*Pratique des terriers*, t. 3, p. 390), qui ne fasse établir une pépinière d'arbres à fruits pour rétablir et regarnir les vieux arbres et pour les renouveler.

Suivant les anciens principes, les arbres des pépinières ne sont pas immeubles, parce qu'ils n'ont pas été plantés à perpétuelle demeure ; on les considère comme un dépôt confié à la terre, où ils se nourrissent jusqu'à ce qu'ils en soient arrachés pour être vendus. Ils sont immeubles, s'ils ne sont pas prêts à être transplantés.

Si, au contraire, ils sont dans l'année de la levée de ces arbres, ils sont réputés meubles, et se partagent comme tels entre héritiers. C'est ce qui est décidé dans l'article 516 de la coutume de Normandie : « Néanmoins les veuves usufruitières et autres héritiers prennent part aux pépinières comme meubles, advenant la dissolution du mariage en l'année *qu'elles doivent être levées.* »

L'article 517 porte : « Pareillement les fermiers ayant planté lesdites pépinières, chênostières, etc., les peuvent enlever après leur bail expiré, en laissant la moitié aux propriétaires, pourvu qu'elles aient été faites du consentement du propriétaire ou six ans avant la fin du bail. »

Un arrêt du parlement de Rennes, du 9 juin 1663, juge qu'une pépinière est meuble. (Sauvageau, t. 1, chap. 98, p. 66.)

Cependant, si un propriétaire vend sa maison et ses héritages dans l'état où ils se trouvent et sans s'y rien réserver, les pépinières appartiennent à l'acquéreur.

Nº 3. Elle a trait aux arbres qu'un fermier a plantés sur le fonds à perpétuelle demeure. Tout le monde lui donne le droit d'enlever, lorsqu'il se retire, les *arbustes* et *arbrisseaux* étrangers, parce que ces plantes ne tiennent pas nature d'immeubles comme les arbres.

Il aurait aussi le droit d'enlever les arbres mis dans les pépinières ; mais que faut-il décider des arbres plantés pour rester dans le sol à perpétuelle demeure ?

D'après l'article 10 de la rubrique 14 de la coutume d'Alost, le fermier pouvait retirer, avant la fin de son bail, les arbres qu'il avait plantés sur les héritages pris à ferme, à moins que le propriétaire n'offrit d'en payer la valeur; mais que si le fermier passait un nouveau bail sans stipulation ni condition, les arbres suivaient le fonds sans récompense.

Les auteurs de l'Encyclopédie méthodique pensent que l'arbre appartiendra au propriétaire ; une fois planté, il fait partie de l'héritage ; mais le propriétaire doit une indemnité, en vertu de la règle : *Neminem æquum est cum alterius jactura fieri locupletiorem.*

Les auteurs du *Dict. des arrêts*, Denizart, Merlin, pensent que le fermier a le droit d'enlever les arbres, et que le propriétaire peut les retenir en offrant d'en payer la valeur au fermier. Ils se fondent sur un arrêt du parlement de Rennes, du 17 octobre 1575, qui décide que le fermier peut arracher les arbres qu'il a plantés. (Dufail, liv. 1, ch. 373, t. 1, p. 315). Chopin, rappelant ce préjugé, partage cette doctrine; aussi voit-on un fermier qui se retire traiter avec le fermier qui lui succède, au sujet des plants que celui-ci aurait la faculté d'enlever.

Les recueils de Guyot, Denizart, Prost de Royer, Merlin, disent tous que cet arrêt a été rendu contre le propriétaire. C'est une première erreur : il a été rendu contre un acquéreur, et il a beaucoup moins de force en faveur de leur opinion qu'ils ne le croient. Voici, en effet, l'espèce telle que l'a rapportée Dufail : « Jean Valdin vend un jardin à Philippe Foucault avec les arbres, arbrisseaux, entures étant en icelui, et, au moyen de son contrat, veut avoir de petits pieds d'arbres *affiés* et *entés* par Julien Clouet, qui tenait ledit jardin à louage. Clouet l'empêcha, disant qu'ils sont siens et qu'il les a plantés pour vendre et transplanter. Le juge du chapitre de Nantes déboute Foucault de la demande, ce qui est confirmé par arrêt du 17 octobre 1575. »

Cet arrêt n'est pas relatif, comme le prétendent les auteurs cités plus haut, aux arbres plantés à demeure par le fermier, mais seulement à de petits pieds d'arbres *affiés* et *entés* par lui pour être vendus. Et Sauvageau, sur la coutume de Bretagne, remarque que les arbres plantés par le fermier appartiennent en propriété à celui auquel appartient la terre en laquelle ils se trouvent plantés et ont leurs racines ; les arbrisseaux, lesquels *casu ibi fuerunt*, ne lui appartiennent pas. On voit donc que la question était controversée ; mais la majorité des auteurs admettait que le fermier avait le droit d'enlever ses arbres. « Arbres plantés par un fermier n'appartiennent point au propriétaire ni à l'acquéreur du fonds, mais au fermier, qui les peut enlever quand bon lui semble, si ce n'est que le propriétaire, ou l'acquéreur voulût les retenir en payant la valeur. » (Chailland, *Dict. des eaux et forêts*, v° arbre, p. 36.)

Ce droit de rétention que pouvait exercer le propriétaire avait toujours été reconnu.

§ V.

Des personnes qui ne peuvent disposer de la propriété des arbres.

Dans cette catégorie rentre ce qui a trait à l'usufruitier,

à la communauté, à l'héritier, au retrait, lignager, et nous dirons quelques mots du vassal et de la saisie faite par le seigneur.

1° *Des droits de l'usufruitier.* — L'usufruitier ne peut disposer de la propriété des arbres ; son droit est un droit de jouissance ; la propriété suppose la faculté d'aliéner ; l'usufruitier doit jouir de sa chose en la conservant.

Est-il usufruitier d'un bois taillis, il doit observer l'ordre et la quotité des coupes, conformément à l'aménagement ou à l'usage constant des propriétaires.

Pontanus, sur la coutume de Blois, prétend que les fruits des arbres, les taillis qui se coupent ordinairement et qui renaissent de leurs troncs et racines, enfin les grands arbres qui tombent d'eux-mêmes et de vétusté, appartiennent à l'usufruitier. (*Ad. art.* 5, *tit.* 2. Conf. Blesensis, t. 1, p. 71.)

Dumoulin décide, comme Pontanus, que les grands arbres vivants n'appartiennent pas à l'usufruitier, parce qu'ils sont partie du fonds, comme un édifice et un moulin : *Sunt enim pars fundi non tamen tanquam fructus colligibiles, sed tanquam super imposita et permanens superficies quale molendinum aut edificium.* (*Ad. cons. Paris.*, tit. 1, des fiefs, § 18 ; Gloss. 1, *verbo* manoir principal, t. 1, p. 276, col. 1.)

De Perchambault, dans son Commentaire de la coutume de Bretagne, dit pareillement (p. 586, § 5, *de l'usuf.*) : L'usufruitier est fondé à jouir du bois mort dans les forêts, consistant en coudre, genêts, horne, genièvre, saule, etc., et aussi du bois mort en cimes et racines, quand il n'est pas propre à ouvrage, et encore des bois abattus par les vents, pourvu qu'il s'en serve pour son simple usage et sans les vendre.

Les arbres brisés par accident appartiennent, comme en droit romain, au propriétaire ; les arbres fruitiers qui meurent ou qui sont arrachés ou brisés par le vent, appartien-

nent à l'usufruitier, à la condition de leur remplacement ;
il prendra sur les arbres les produits périodiques ou annuels, tels que les fruits, les émondes, le tout suivant l'usage
des lieux. Il pourrait même demander au propriétaire les
arbres nécessaires pour faire les réparations des bâtiments
soumis au même usufruit.

A l'usufruitier il faut assimiler la douairière, suivant
l'article 118 de la coutume d'Amiens ; elle ne peut *décoller*
ni faire abattre le bois de coupe échu dans son lot, mais en
doit user comme une usufruitière, et de la même manière
qu'en userait un bon père de famille. L'article 119 explique,
en conséquence, qu'elle ne peut abattre ni appliquer à son
profit les gros arbres qu'on nomme *perols* ou *tayons ;* ce
qui, au contraire, est permis au propriétaire, à la charge
d'indemniser la douairière de la *glandée, pesion* et autres
fruits desdits arbres.

Dufresne, commentant ce texte, dit : « Ès pays de Boulonnois et d'Artois et ès bourgades de Picardie voisines, ils
donnent aux arbres leurs noms particuliers selon leurs
âges : comme un chêne de 60 ans, c'est-à-dire de 3 âges,
ils l'appellent *tayon*, comme qui dirait aïeul ; et un de
40 ans, c'est-à-dire de deux âges, *pérot*, père, et d'un âge
seulement, estalon (p. 195, t. I, com. de Picardie). »

Philippe Darses et sa femme, fille de Jean Ferrière, ob-
tiennent par arrêt l'adjudication de la terre de Livarioc,
par forme d'engagement, jusqu'à ce qu'ils soient remboursés
d'une somme de 10,000 livres. Ils prennent de grands arbres abattus par les vents (qu'on appelle *caablés*), dont les
propriétaires demandent qu'on leur tienne compte sur
les 10,000 livres. Un arrêt du parlement de Paris, du 6 juin
1522, les déboute de cette prétention. (Bouchel et Bechefer,
au mot *Caables*.)

Ce préjugé, contraire aux principes que nous venons

d'exposer, fut déterminé sans doute sur ce que l'engagiste et l'antichrésiste sont regardés comme de vrais propriétaires pendant le temps de leur possession. Cependant les auteurs du *Dictionnaire des arrêts* ne pensent pas qu'on ait pu, même sous ce point de vue, prononcer de cette manière, puisqu'il est certain que l'on n'a le droit de disposer des grands arbres qu'autant que l'on est propriétaire incommutable ; et l'acquéreur à faculté de réméré lui-même ne peut, durant tout le temps que dure cette faculté, couper les grands arbres ni en disposer d'aucune manière.

C'est ce qui a été jugé par arrêt du conseil souverain de Brabant. On décida (malgré les termes de la coutume, qui semble accorder à l'acquéreur à faculté de réméré la liberté de couper les arbres du fonds vendu) qu'il serait trop aisé à un acquéreur de rendre vaine la faculté de réméré, en dévastant des arbres qui souvent forment la partie la plus considérable et la plus précieuse des biens vendus : *Facile erit emptori eludere retractum, excisis scilicet arboribus quæ plerumque maximam partem æstimationis fundi constituunt... Judicatum atque intellectum, nonobstantibus verbis generalibus consuetudinis, non esse licitum emptori cædere quercus inciduas.* L'arrêt est du 24 déc. 1646. (Stokmans, décis. 98, p. 219 et 220.)

Il faut donc s'en tenir à la règle générale, et décider que l'usufruitier ne doit point profiter des arbres abattus par les vents.

2° *De la communauté.* — Le mari ne peut couper les arbres de haute futaie ; ils ne lui appartiennent pas plus qu'à un usufruitier. Lorsqu'il abat, pendant le cours de la communauté, des futaies soit sur un héritage propre, soit sur le fonds de sa femme, ces arbres coupés sont réputés meubles par leur séparation du sol ; cependant, comme ils ne sont pas censés faire partie des fruits et des revenus de l'héritage et qu'ils sont regardés comme une portion du fonds, après la dissolution de la communauté, le conjoint à qui le fonds appartient peut les reprendre en nature s'ils existent, ou exercer la reprise du prix pour lequel ils ont été vendus sur les biens de la communauté qui l'a reçu. Il en serait autrement si les arbres avaient été coupés avant le mariage ; ces arbres, ayant appartenu au conjoint lors de son mariage comme choses meubles, entrent en cette qualité dans la communauté.

Les bois taillis, les arbres fruitiers coupés pendant la durée de la communauté sont considérés comme meubles, parce qu'ils sont considérés comme fruits ; ils entrent dans la communauté sans récompense.

Ceux que les passants ont arrachés ou que la force des vents a déracinés appartiennent encore au mari, contrairement à la disposition de la loi 12, D. *de usuf.*, parce que, dit Lebrun (*Tr. comm.*, p. 120), son droit est plus considérable que celui d'un usufruitier ordinaire ; à plus forte raison, ceux qui tombent de vieillesse, à la charge qu'il en plante de nouveaux. Il y a plus, car si les arbres de haute futaie ont été mis d'ancienneté en coupe réglée, comme de cent ans en cent ans, ceux qui sont coupés dans leur temps tombent en communauté, et il n'en est point dû de remploi.

3° En matière de succession, si le propriétaire des arbres les a vendus et qu'il meurt, soit que les arbres soient ou non abattus, le prix des arbres appartiendra à l'héritier au mobilier. — Il est vrai qu'il existe un arrêt contraire du parlement de Paris, du 30 mai 1595. Un père ordonne par son testament qu'on vendra de grands arbres et bois de haute futaie, pour en placer le prix au profit de son fils, et que ce prix sera réputé immeuble. Après la mort de celui-ci, ce prix est adjugé à ses héritiers collatéraux, à l'exclusion de sa mère héritière mobilière. (Chopin sur cout. de Paris,

t. 1er, t. 1er, no 24.) Mais un arrêt du même parlement, du 1er août 1620, décide que les héritiers des propres n'ont rien à prétendre, soit que le prix ait été payé, soit qu'il soit encore dû; on suppose que le testateur les a vendus sur pied, et qu'il est décédé avant qu'ils n'aient été abattus.

Nous pensons qu'il faut suivre la doctrine établie par cet arrêt; deux raisons nous y engagent : les arbres deviennent meubles par la séparation, et ensuite l'action pour obtenir le prix de ces arbres vendus, qui tend à quelque chose de mobilier, est rendue meuble par l'objet même de son but.

Anciennement il n'était pas permis de disposer par testament des arbres de haute futaie, s'ils n'étaient pas coupés. On trouve à ce sujet un arrêt de l'Échiquier de Normandie, tenu à Pâques en la ville de Caen, en 1246, qui porte : *Comes Augi non potuit ponere in testamento suo quinque mille libras boscorum suorum qui non erant venditi vel abscissi, et nullus alius id potest facere in Normania de boscis abscissis.* Cette jurisprudence est conforme à celle du parlement de Paris de l'année 1263, insérée au registre *Olim*, pour des arbres coupés dans un bois appartenant à l'Église (Chopin., cout. de Paris, p. 33.) La distinction mentionnée ci-dessus des arbres en meubles ou catteux trouve ici son application; les coutumes qui les admettaient les déféraient à l'héritier des meubles; mais elles accordent à l'héritier qui succède à l'héritage sur lequel ils sont situés la faculté de les retenir, à la charge d'en payer la valeur. On estime les catteux verts en considérant l'usage que l'on peut en faire suivant leur destination; il faut considérer leur valeur intrinsèque; il est juste que l'héritier du mobilier trouve dans cette estimation le même avantage que lui aurait procuré l'arbre en nature; autrement les coutumes, en accordant à l'héritier du fonds le droit de rétention, auraient porté atteinte au droit de propriété qu'elles donnent à l'héritier mobilier sur les catteux.

4° *Si on peut exercer le retrait lignager des arbres de haute futaie.*—Le droit de retrait lignager est le droit que la loi accorde aux parents du vendeur d'un *héritage*, lorsqu'il est vendu à un étranger, de s'en rendre acheteurs à sa place, et, en conséquence, de l'obliger à le leur délaisser, à la charge de le rembourser et indemniser du prix et de tout ce qui lui en a coûté pour l'acquisition. Il est ainsi appelé parce que la loi l'accorde aux lignagers, c'est-à-dire aux parents de la ligne ou famille dont l'héritage est avenu au vendeur. (Pothier.)

Les anciens arrêts jugeaient qu'il était admissible avant que les arbres de haute futaie fussent abattus, mais qu'il ne l'était plus après la coupe, parce que ces arbres étaient devenus meubles : *Silva non cædua cædenda vendita, tractatum est an ea gentilitiæ redhibitioni esset obnoxia, et placuit esse obnoxiam, quod non ea casa, sed exstante, redhibitio petita fuisset. Si enim sylva solo separata sit, res mobilis facta est redhibitionem effugiens.* (Lucius, *Placitorum*, lib. 9, t. 3, cap. 1, p. 183.)

Le parlement de Paris accueillit, par arrêt du mois de février 1552, une demande en retrait d'une forêt qui n'avait pas encore été coupée. L'art. 63 de la cout. de Normandie est conforme : « Bois de haute futaie est sujet à retrait, encore qu'il ait été vendu à la charge d'être coupé, pourvu qu'il soit sur pied lors de la clameur signifiée (lors de la demande en retrait) et à la charge du contrat. »

Nous croyons avec Pothier (t. 2, édit. Dupin, p. 306) que la vente d'arbres faite à un marchand pour les abattre ne peut passer pour une vente d'héritage. Elle ne peut donc pas donner lieu au retrait, parce que, l'acheteur ne pouvant par cette vente devenir propriétaire des bois vendus qu'après qu'il les aura séparés de la terre, cette vente ne fait passer hors de la famille du vendeur que des meubles. Une vente de meubles ne peut donner lieu au retrait. La coutume de Normandie, s'écartant des principes généraux, ne doit pas avoir lieu hors du territoire.

Par la même raison, on doit, dit Pothier, rejeter l'opinion de Lhoste, qui (dans son commentaire sur la coutume de Montargis) prétend que les héritiers présomptifs du vendeur doivent être admis au retrait d'une vente de futaie sur pied, en s'obligeant à ne pas l'abattre : car ou cette futaie est considérée comme devant être abattue, et, en ce cas, ce n'est que la vente d'un meuble qui ne donne pas lieu au retrait ; ou on la considère comme devant rester sur pied, et, en ce cas, ce n'est pas ce qui a été vendu, puisque ce n'est que la coupe qui devait s'en faire qui a été vendue ; d'ailleurs, ce retrait contient une espèce d'attente de la succession du vendeur, qui est indécente et contraire aux bonnes mœurs.

5° *Droit féodal.* — Le seigneur qui jouit d'une terre en vertu d'une saisie féodale à défaut de foi, ne peut faire couper aucun arbre de haute futaie, parce qu'il ne peut s'approprier que les fruits de l'héritage saisi sur son vassal et non le fonds.

Chopin rapporte un arrêt du parlement de Paris, du 23 juillet 1573, contre la reine d'Ecosse, en cas de rachat (on assimile ce cas à celui de la saisie). Chopin soutenait les prétentions de la reine. Le comte de Château-Vilain, qui relevait de la terre de Chaumont en Bassigny, appartenant à la reine d'Ecosse, était dans l'usage d'abattre de grands arbres sur la terre de Château-Vilain, pour l'entretien de plusieurs forges. Après sa mort, la reine prétendit (et Chopin soutint pour elle) que ces forges faisant un revenu annuel du fief, elle avait droit d'en jouir de la même manière que le vassal en jouissait. Buisson, qui plaidait pour les héritiers du comte, soutint que le seigneur n'a droit, pendant la durée du rachat, qu'au plus simple usufruit, et ne peut porter la moindre atteinte à la propriété. Il fit voir, quoique le défunt vassal coupât des arbres pour l'entretien de ses forges, qu'il n'en était pas moins vrai de dire que les principes s'opposaient à ce qu'on regardât les grands arbres comme tombant en fruits, parce qu'ils n'étaient pas d'un produit certain, annuel et constant, et qu'ils n'étaient pas, d'ailleurs, du nombre de ces arbres qui repoussent par leurs troncs et renaissent de leurs racines, seuls dévolus à un usufruitier. (Chopinus, *de Priv. Rust.* lib. 2, cap. 10.)

Coquille, examinant les droits que peut avoir un bordelier sur les arbres qui sont dans son tenement, dit qu'il ne faut pas suivre à la rigueur les principes de l'ancienne coutume de Nivernais, qui déterminait, dans l'article 15 du chapitre des bordelages, que le bordelier ne pouvait abattre les arbres fruitiers, encore qu'il les eût plantés : on doit, selon lui, apporter des tempéraments à cette prohibition trop générale.

Il pense donc : 1° que le bordelier peut couper des arbres de haute futaie pour bâtir et réparer le tenement, pourvu qu'il le fasse avec *bon ménage*, c'est-à-dire en *saison due*, et qu'il ne prenne pas plusieurs arbres auprès l'un de l'autre ; 2° qu'il peut abattre des arbres fruitiers, « des noyers dont l'ombre, froide de soi et épaisse, nuit à la vigne, et les racines spacieuses amaigrissent la terre ; » 3° qu'il peut enfin abattre « des chênes qui se trouvent en pâtureaux, si lesdits chênes ne sont pas bons à porter gland ; qu'il peut en abattre une partie pour donner plus d'air et de soleil à l'herbe et la rendre plus savoureuse, et profiter au bétail qui y pacage. » (Quest. 275, t. 2 de ses œuvres, pages 306 et 307.)

François Marc prétend que l'emphytéote ne peut arracher les arbres fruitiers , si cette coupe tend à rendre le fonds emphytéotique d'une moindre valeur , à moins qu'ils ne fussent trop vieux, et que l'emphytéote ne se chargeât d'en replanter d'autres. (Marcus, t. 1, quest. 551, p. 314.)

On a disputé aussi au vassal le droit de couper non-seulement les arbres fruitiers, mais encore les arbres de haute futaie. La Roche-Flavin soutient que, « si ceux-ci ont été baillés tels lors de l'inféodation , ou ont été reconnus en ladite qualité de coupe et de défrichement, n'en peut être vendu sans la permission du seigneur et sans demeurer d'accord avec lui ; bien s'en peut servir et aider l'emphytéote pour ses usages et nécessités, pourvu que ce soit en ménagerie et non coupe universelle : où les arbres étant si vieux et secs, qu'ils ne croissent plus, ne portent et augmentent en fruit. » (Des Dr. seign., chap. 11. n° 6, p. 571.)

Bouhier, malgré sa qualité de seigneur, trouve ces maximes rigoureuses et dit : « Cela pourrait avoir quelque apparence , si on voyait par l'acte d'inféodation qu'il y eût alors des bois de haute futaie ; mais comme il ne reste plus guère de ces sortes d'actes, quand ils ne paraissent pas , la présomption est ou que ces bois ont été plantés postérieurement , ou qu'ils se sont semés d'eux-mêmes, comme il arrive dans les terres qu'on laisse sans culture : ainsi il doit être permis au vassal d'en faire son profit. » Le parlement de Toulouse l'a ainsi jugé pour l'emphytéote par un arrêt du 9 décembre 1613. La chose souffre encore moins de difficulté pour le vassal.

Et quand , dans l'acte d'inféodation même, il paraîtrait qu'il y avait de pareils bois dans le fief , puisque, par nos mœurs, le vassal peut en aliéner le fonds, du moins en partie, nous ne voyons pas comment on pourrait l'empêcher de couper et de vendre les grands arbres. C'est ce que

dit avec raison Julius Clarus, au sujet des fiefs hérédi-
taires : *Nam cui licet quod est plus, multo magis licere debet
quod est minus.* (Comm. sur la cout. de Bourgogne, t. 1,
ch. 4, p. 650.)

CHAPITRE II.

DROIT PÉNAL.

Le besoin de protéger les arbres, qui avait animé l'esprit
du législateur romain, a également été la cause de nombreuses décisions pénales dans notre ancienne jurisprudence. On a senti dans tous les temps en France de quelle
importance il était de conserver les arbres.

L'article 43 des priviléges accordés par Jean I", au mois
d'août 1354, aux habitants de Joinville, porte : « Qui serait
trouvez par jour copant parier, pommier, vigne ou autre
arbre en dommage d'autrui, il payerait soixante sous d'a-
mende et rendrait le dommage, et cils qui serait trouvez
de nuit, copant lesdits arbres ou vignes, serait en notre
mercy et payerait telle amende comme il nous plairait. »
(*Ord. du Louvre*, t. 4, p. 300, n° 42.)

Nous n'avons qu'à parler dans ce chapitre des délits
commis sur des arbres isolés, et nous n'avons pas à traiter
des délits commis en matière d'eaux et forêts. Nous renvoyons au chapitre suivant pour les délits commis sur les
arbres plantés le long des grands chemins.

Les règlements coutumiers n'ont presque jamais vu que
l'intérêt du seigneur ou des gens de justice : « Quiconque
serait trouvé ou attrapé à peler les chênes de quelqu'un, les
autres arbres ou plantis croissants et montants, ou à couper
dedans, ou les tailllader par raillerie, il sera en l'amende
de dix livres parisis : le tiers au bailli, l'autre tiers à celui

qui souffrira du dommage, et le troisième tiers au dénonciateur; *item* que l'on n'abatte pas les glands des chè-
nes, etc. » L'amende était double en cas de récidive. La
troisième contravention était punie de la peine du larcin.
(Chap. 107 et 108 de la coutume d'Ypres.)

« Quiconque coppe branches ou arbres étant en chemins,
il eschiet en amende de soixante sous parisis envers *ledit
seigneur* auquel appartient la justice viscomtière; comme
aussi fait celui qui arrache ou desplante aucun arbre ez
bois ou autres lieux. » (Art. 51 coutume d'Artois.)

. Sur cet article et les art. 55 et 58, Maillart fait les obser-
vations suivantes :

1° « Celui qui coupe un arbre pour faciliter le passage le
long d'un chemin ou d'une rivière, impraticable d'ailleurs,
ne devrait point d'amende, parce que la nécessité publique,
qui n'a pas de loi, doit l'emporter sur l'utilité particulière.
Mais le particulier dont on couperait l'arbre sous prétexte
de nécessité publique serait certainement fondé à se plaindre, si on agissait militairement et sans avoir fait constater
le cas de nécessité d'une manière légale et par une inter-
pellation de sacrifier l'arbre au bien général. »

2° Maillart ajoute : « Si, en un temps continu, l'on coupe
différents arbres, l'on ne doit qu'une seule amende, parce
que ce n'est qu'un seul délit continué ; mais si l'on en coupe
plusieurs à différentes reprises, l'on échet en autant
d'amendes qu'il y a de reprises. » N'est-il pas extraordi-
naire que, pour soixante sous parisis, on puisse couper cent
arbres en une seule fois, et que l'on soit obligé de payer
quatre fois soixante sous pour les arbres que l'on aura
coupés à quatre reprises différentes !

Un placard de Charles-Quint, du 7 juillet 1547, condamne
ceux qui font des dégâts dans les bois d'autrui à l'amende
de cinq florins pour la première fois, et à celle de dix florins

pour la seconde; à la troisième fois, les coupables sont punis comme des voleurs. Ceux qui ne peuvent payer l'amende sont fustigés de verges. Les chefs de famille sont responsables du fait de leurs enfants et domestiques.

La Roche-Flavin rapporte des arrêts du parlement de Toulouse, des 23 juillet 1519 et 20 juillet 1561, qui font défenses d'arracher ou de couper aucuns arbres contre le vouloir de ceux à qui ils appartiennent, sous peine du fouet. Par un troisième arrêt, du 3 juin 1562, un paysan subit la peine prononcée. (Liv. 1, t. 13, p. 27 et 28.)

Des arrêts du parlement de Dijon, des 8 octobre 1609 et 27 mai 1613, autorisent la voie criminelle contre des particuliers qui avaient arraché des plançons et ceps de vignes. (Bouvot, t. 2, au mot *larcin*, quest. 7, p. 523.)

Un arrêt du parlement de Rennes, du 19 novembre 1613, juge que, pour abattis d'arbres dans un commun, la voie d'office et le décret d'ajournement personnel ont lieu. (Chapel, chap. 298, p. 87.)

Un arrêt du parlement de Paris du 2 septembre 1686 juge sur les faits suivants : le sieur Courcy, vassal de M. Gréard, célèbre avocat du parlement de Rouen, avait eu un démêlé avec le fils de M. Gréard et subi une condamnation désagréable; il imagina de s'en venger sur les arbres du parc de Ferrière, qui appartenait à Gréard. En conséquence, pendant la nuit, à l'aide de plusieurs domestiques, il abat dans l'avenue plusieurs arbres de 12 à 15 ans. Il revient une autre nuit faire un *second abattis*, qui porta à 60 le nombre des arbres coupés dans les deux reprises. De plus, par dérision, il fait planter le plus beau des arbres à la porte de la maison seigneuriale de Ferrière, et passer deux autres arbres en sautoir près la porte pour en interdire l'entrée.

Toutes ces circonstances ayant été prouvées au procès, par arrêt du parlement de Paris (où l'affaire avait été évoquée pour cause de parenté), le sieur Courcy fut condamné au bannissement de la province de Normandie pendant un an, à 3,000 livres de dommages-intérêts envers Gréard, et à lui faire réparation d'honneur à l'issue de la messe paroissiale de Ferrière, conjointement avec sa femme, qui avait pris quelque part à cette exploitation nocturne.

On citait dans cette cause plusieurs arrêts sévères du parlement de Rouen, d'où l'affaire était évoquée : le 2 mai 1623, Hubert, condamné au fouet et au bannissement pour avoir coupé 65 arbres sur le fonds de Louis, son voisin ; un autre de mars 1633 : Foultain, condamné au fouet et au bannissement pour avoir coupé des arbres dans un parc; un autre arrêt du mois de mars 1678 : Touvé, qui avait coupé 50 ormes sur les terres du vicomte de Rohan, condamné à *avoir le fouet sur chacun des pieds de ces arbres* ; le 25 juin 1671, Guillemette, condamné aux galères pour avoir coupé 269 ormes dans l'avenue du château de M. le président Turgot. (*Journal du palais*, t. 2, p. 614 et s.)

Un arrêt du parlement d'Aix, du 1er mai 1687, juge qu'on doit se contenter seulement de l'action civile, quand ceux qui ont coupé les arbres étaient dans des circonstances telles que leur bonne foi pouvait se présumer.

Les arbres fruitiers, plus précieux que les autres, seront estimés , dit Serpillon , proportionnellement au dommage que leur perte cause au propriétaire.

Il n'existait pas une peine générale et unique contre ceux qui coupaient les arbres.

L'ordonnance des eaux et forêts de 1669 permettait bien aux propriétaires de faire punir les délinquants en leur bois des mêmes peines et réparations ordonnées pour les forêts domaniales, et de se pourvoir, à cet effet, devant les officiers de la maîtrise ; mais cette disposition ne pouvait s'entendre que du cas où les parties seraient réduites à obtenir le remboursement des bois abattus, suivant le tarif de l'ordonnance de 1669, ce qu'on appelait des *jugements à la bûche*, parce que l'indemnité était tarifée sur la grosseur et la nature de l'arbre enlevé ou abattu. Cette loi n'avait rien de commun avec les voies de fait exercées par malignité sur les arbres qui sont la décoration d'un domaine.

Dans certaines circonstances, par exemple au cas de disette totale de fourrages, on permettait aux propriétaires de prendre les feuilles des arbres qui pouvaient servir à la nourriture des bestiaux. (Art. 8 cout. de Sole. — Alfonsine de Riom.)

Dans les grands crimes, dans les crimes de lèse-majesté, on ordonnait que les bois de haute futaie et les grands arbres formant les parcs et allées des châteaux des coupables fussent coupés jusqu'à une certaine hauteur.

On prononce la même peine pour le duel (art. 23 de l'édit du mois d'août 1679), et cette loi paraît n'avoir fait que confirmer un ancien usage. En effet, on lit dans le célèbre arrêt du parlement de Paris rendu en 1624, par contumace, contre Boutteville, Pontgibault, Chantail et des Salles, que les maisons de ces seigneurs seront démolies , rasées et abattues, et les fossés comblés ; défense à toute personne, de quelque qualité qu'elle soit, d'y rebâtir ni édifier ; et que *les arbres qui sont plantés ès environs seront coupés par le milieu, les troncs demeurant pour mémoire de leur crime à perpétuité.*

Quasi-délit. — Nous avons commenté en droit romain le quasi-délit prévu par la loi Aquilia. Elle punissait le bûcheron qui, en abattant un arbre, n'avait pas crié de prendre garde et avait tué celui qui passait sur un chemin public.

La loi des Saxons prononçait une amende suivant son

tarif ordinaire : *Si arbor ab alio præcisa casu quemlibet oppresserit , componatur mulcta pleno weregeldo a quo arbor præcisa est.* (Tit. 2, in princ.)

Nos anciennes coutumes contiennent aussi quelques dispositions relatives à ce sujet : « Chil qui coupe un arbre seur un chemain quemun là où gens passent accoustuméement et voit gens venir ou point que ses arbres doit cheoir, il les doit escrier de loin qu'ils se garent, et se il ne les escrie, et li arbres chiet dont point que il en tue, il me semble que il doit estre coupaules dau meffet..... etc. » (Anc. cout. de Beauvoisis, ch. 69.)

L'art. 616 de la cout. d'Orléans contenait une disposition analogue.

§ Ier.

Arbre de la liberté.

Nous n'aurions pas à nous occuper de ce paragraphe, si nous n'avions à signaler des lois qui ont décrété des peines plus sévères contre ceux qui portaient atteinte à ce symbole de la liberté.

Tout le monde, dit le Nouveau Denizart, n'avait pas la même vénération pour ce signe extérieur de notre liberté. Soit négligence, soit accident, soit enfin vengeance , l'arbre de la liberté se trouva quelquefois renversé. Plusieurs tribunaux, à qui l'on ne refusera pas de la sagesse, ne purent pas voir dans cet accident un attentat tel qu'il ne pût être vengé que par le massacre de tous les habitants ; ils crurent qu'il suffisait d'appliquer aux délinquants l'art. 14 de la loi du 23 septembre 1791. Ceux qui écorceront ou couperont des arbres seront condamnés à une amende double du dédommagement dû au propriétaire, et à un emprisonnement qui ne pourra excéder six mois.

Le Directoire exécutif, informé de cette modération, arrête, le 22 germinal an IV, que les délinquants devront être punis avec la rigueur prescrite par les lois contre toute espèce de crime contre-révolutionnaire et attentatoire à la liberté, à l'égalité du peuple français, et ce nonobstant toute *lettre ministérielle* ou instruction à ce contraire.

D'après cet arrêté, c'était la peine de mort qu'il fallait appliquer. C'est en effet le malheur qui arriva à la petite ville de Bédouin, située près de Carpentras ; la ville fut incendiée, les habitants périrent ou dans les flammes ou sur l'échafaud, parce qu'un petit arbre de la liberté, planté hors l'enceinte de la ville, avait été coupé dans la nuit du 13 au 14 floréal an II (3 mai 1794).

Une loi du 24 nivôse an VI ordonne aux communes de replanter les arbres de la liberté qui auront péri ou qui auront été abattus. Tout individu convaincu d'avoir mutilé, abattu ou tenté d'abattre ou de mutiler un arbre de la liberté sera puni de 4 années de détention. (Art. 3 et 4.)

CHAPITRE III.

DROIT ADMINISTRATIF.

SECTION PREMIÈRE.

Des arbres le long des grands chemins.

La plus ancienne ordonnance qui prescrit de planter des arbres le long des grands chemins date du mois de février 1522 (1). « Elle enjoint à tous seigneurs hauts justiciers et

(1) Elle est de Henri II. M. Mélier (Code de la voirie) nous dit qu'elle ne se trouve que dans un recueil unique qui appartient au sieur Prault père. — Gallon, dans ses Conférences sur l'art. 1, tit. 28, Ord. des eaux et forêts, nous a fait connaître son texte.

à tous manants ou habitants des villages et paroisses, de faire planter le long des grands chemins publics et sur leur bord, dans les lieux qu'ils jugeront à propos et commodes, des ormes, pour que le royaume, avec le temps, puisse en être suffisamment peuplé et pourvu, sur peine d'amende arbitraire au profit du roi »

Henri III renouvelle cette disposition par l'article 1er de l'ordonnance du 19 février 1552: il enjoint à tous seigneurs de planter le long des grands chemins si bonne et grande quantité d'ormes, qu'avec le temps le royaume s'en puisse voir bien et suffisamment peuplé.

Le parlement de Toulouse sentit l'importance de ce règlement, et, par arrêt du mois de juillet 1554, enjoignit de faire planter des arbres le long des grands chemins, terres et possessions des habitants de son ressort. (La Roche-Flavin, l. 6, t. 7, art. 1, p. 385.)

En 1579, les états du royaume, assemblés à Blois, s'occupèrent aussi des plantations d'arbres sur les chemins ; l'art. 356 ordonne de planter suivant la nature des lieux ; il défend de couper ou endommager les arbres plantés sur les chemins, à peine d'amende et de punition exemplaire.

L'article 15 de l'ordonnance de 1583 ordonne à tous les propriétaires de planter d'ormes « tous tenans et aboutissans aux grands chemins et branches d'iceux... et où aucuns périraient, seront tenus en replanter d'autres, sur peine d'amende arbitraire, les fruits desquels arbres appartiendront respectivement aux propriétaires. » L'art. 16 enjoint aux grands maîtres réformateurs de faire exécuter les lois précédentes sur l'entretenement des chemins et plantage d'arbres.

Sully se montre très-empressé de faire planter, le long des grands chemins, des ormes, des mûriers et autres arbres; il en reste encore plusieurs en différents endroits, on les nomme des Rosny.

Depuis Sully, on ne rencontre plus de règlements sur la plantation des arbres jusqu'au 26 mai 1705; à cette date, un arrêt du conseil ordonne aux particuliers de planter sur leurs terres, mais à une distance de trois pieds des fossés qui les séparent des chemins.

Un autre arrêt du 3 mai 1720 prescrit aux propriétaires riverains de planter, suivant la nature du terrain, des arbres de différentes sortes à la distance de 30 pieds l'un de l'autre, et à une toise au moins du bord extérieur des fossés desdits grands chemins, de les armer d'épines depuis le mois de novembre jusqu'au mois de mars, et de remplacer ceux qui pourraient périr. S'ils n'exécutent pas cette prescription, le droit passe alors aux seigneurs, qui peuvent planter à leurs frais dans l'étendue de leurs terres, et qui seront propriétaires des arbres plantés (art. 7). Toute personne qui endommagera ces arbres sera, la première fois, punie de 60 livres d'amende, applicable, un tiers au propriétaire, un autre à l'hôpital le plus voisin, un autre au dénonciateur, et, la deuxième fois, sera condamnée à la peine du fouet (art. 8).

Comme l'article 7 ne fixait pas un délai qui mît les propriétaires en demeure de planter, il arrivait que les seigneurs s'empressaient de le faire dès que les chemins étaient tracés; il en résultait une servitude et une peine pour les riverains. Le roi compléta cette lacune en fixant, par arrêt rendu en son conseil le 17 avril 1776, le délai d'un an, à compter du tracé du chemin et de l'ouverture des fossés; après ce délai, le droit de planter passait aux seigneurs, si les riverains n'avaient pas exécuté cette prescription.

L'art de la guerre avait aussi été la cause de quelques

dispositions ; une ordonnance du 10 juillet 1722 enjoignit à tous les propriétaires de la Flandre de faire planter sur la crête des fossés et lisières de leurs terres aboutissant à des chemins assez larges pour qu'une charrette pût y passer, des ormes qui produisissent des affûts et des roues pour l'artillerie. Cette loi avait été précédée de deux autres conformes, des mois de décembre 1682 et janvier 1684 ; cette dernière restreignait ses dispositions, à l'égard de l'Artois, aux seuls chemins royaux.

Certaines provinces observaient ces dispositions avec plus d'exactitude que les autres En Lorraine, Stanislas fit rendre par son conseil deux arrêts , l'un du 4 septembre 1741, l'autre du 11 décembre 1742.

Il faut qu'on plante sur toutes les routes des noyers, châtaigniers, ormes ou frênes, suivant la nature du terrain, afin que ces plantations, outre l'ornement qu'elles procurent, multiplient les espèces d'arbres les moins abondantes dans les forêts de ses États. Il ordonne que ces arbres, de la grosseur de deux pouces et demi au moins, soient plantés à la distance de trois toises l'un de l'autre Ils appartiendront aux propriétaires qui se seront chargés de la plantation, et, à leur défaut , aux seigneurs hauts justiciers qui la feront , à la charge d'entretien et de remplacement. Les laboureurs et voituriers ne pourront approcher leurs charrues ou voitures à plus de trois pieds de distance de ces arbres, à peine de 50 livres d'amende, du remplacement et de l'indemnité des propriétaires. Pour faciliter les plantations , il permet de prendre gratuitement les arbres des forêts des communautés ecclésiastiques et laïques, même de celles du domaine.

Une ordonnance du bureau des finances de Paris, du 29 mars 1754, enjoint aux propriétaires ou seigneurs qui , en exécution de l'arrêt du conseil de 1720, auront planté des arbres le long des chemins, de laisser 30 pieds au

7

plus et 18 pieds au moins de distance d'un arbre à l'autre, et 6 pieds d'intervalle entre les arbres et le bord extérieur des fossés ou berges étant au long desdits chemins, de les armer d'épines, de les remplacer, *de les faire labourer*, de les faire élaguer dans le même temps que ceux appartenant au roi. Si les fermiers et locataires ne prennent pas ces différents soins, il y sera pourvu à leurs frais par l'entrepreneur des routes. Défenses sont faites à tous bergers, conducteurs de bœufs, vaches, moutons, chèvres et autres animaux, d'arracher ou endommager aucuns arbres, à peine de 50 livres d'amende, de confiscation des bestiaux, et de demeurer responsables de tous dommages-intérêts.

Nous avons vu l'ordonnance de Blois prononcer l'amende arbitraire; le règlement de janvier 1583, prononcer, contre ceux qui coupent les arbres, la prison et 20 écus d'amende par chaque pied d'arbre; l'art. 8 de l'arrêt du conseil du 3 mai 1720, prononcer une peine de 60 livres d'amende pour la première fois, et du fouet en cas de récidive.

Nous trouvons encore quelques dispositions analogues. Le parlement d'Aix, après les hivers rigoureux de 1766 et 1768, qui avaient fait périr la plus grande partie des oliviers de la Provence, prononça des peines très-sévères contre les bergers qui laissaient manger par leurs troupeaux les rejetons des tiges de ces arbres, que les propriétaires avaient été forcés de couper. Un arrêt du 12 août 1776, indépendamment d'une forte amende, prononça contre plusieurs particuliers solidairement des dommages-intérêts très-considérables.

Les propriétaires eux-mêmes ne peuvent arracher les arbres plantés le long des grands chemins sans une permission par écrit. (Ordonnance du bureau des finances de la généralité de Paris. du 30 avril 1772.)

Une ordonnance du même tribunal, du 2 août 1774, défend à tous blanchisseurs et blanchisseuses, manufacturiers, jardiniers ou autres, d'attacher aux arbres plantés le long des grands chemins aucuns cordages pour faire sécher des linges, draperies, habillements ou légumes, pour quelque cause que ce soit, et d'établir ces étalages sur les haies bordant les chemins, à peine de 50 livres d'amende, saisie et confiscation des linges, etc.

S'il faut planter les routes (1), il faut aussi respecter les arbres. Diverses ordonnances (2) ont condamné des particuliers qui avaient écorcé des arbres ou qui avaient enlevé des branches. C'est aux riverains (3) qu'il appartient de couper les branches qui s'étendent sur le chemin, et de réduire les haies qui le bordent à quatre pieds de hauteur. Les coutumes avaient frappé de différentes peines ceux qui avaient déshonoré les arbres des chemins. C'était une amende de 60 sols parisis dans la coutume de Bourgogne, c'était la perte des chevaux et harnais dans la coutume de Troyes, qui étaient infligées aux coupables. Généralement c'était une amende du triple de la valeur des arbres, avec une détention qui ne pouvait excéder six mois. (Art. 42, loi des 28 septembre-6 octobre 1791.)

De la propriété des arbres plantés sur les chemins.

Les seigneurs avaient voulu s'approprier les arbres qui bordent les chemins de leurs justices et ceux qui en garnis-

(1) Arrêt du 6 février 1776, art. 6.
(2) Ord. bureau des fin. de la généralité de Paris des 22 mars 1781, 19 juin, 17 juillet, renouvelant les ord. du 29 mars 1751, 30 avril 1772, 28 nov. 1783.
(3) Arrêt Parl. Paris. 29 avril 1785

sent les communes. Vis-à-vis des communes, leurs prétentions étaient autorisées par les art. 8, 19, 29 de la cout. de
Montreuil; 13, Saint-Omer; 8 d'Artois; 184 de celle d'A-
miens; 17 du titre 1er de celle de la Salle de Lille. Mais
généralement on décidait contre le seigneur. La jurisprudence des parlements de Rouen et de Paris décidait que
personne, pas même le seigneur, n'a le droit de planter les
arbres sur l'étendue des communes. (Arrêts 7 juillet 1755,
juin 1760.) Les fruits de ces arbres appartiennent aux habitants, qui les peuvent prendre et user en leur bon plaisir.
(Art. 40 cout. de Boulonnois.)

L'art. 8 de l'arrêt du conseil du 3 mai 1720 n'attribue les
arbres aux seigneurs qu'autant qu'ils les ont eux-mêmes
plantés, au refus des propriétaires riverains. Et cette jurisprudence est conforme au règlement général des eaux et
forêts du mois de janvier 1583.

Ils n'appartiennent aux seigneurs, dans le ressort du parlement de Rennes, qu'autant que les propriétaires riverains
des chemins vicinaux sont hors d'état de prouver qu'eux
ou leurs auteurs ont planté ces arbres. (20 août 1739.) (1).

L'Assemblée constituante, dans sa loi du 26 juillet-15
août 1790, déclare que nul ne peut plus prétendre, à titre de
seigneur, à un droit de propriété sur les chemins publics.

Quant aux arbres existants, elle en maintient la propriété aux seigneurs (art. 3); mais elle permet aux propriétaires riverains, aux communes, de racheter les arbres
vis-à-vis de leur propriété, d'après une estimation faite
par experts (art. 4).

Une autre loi de 1791 laisse aux seigneurs les arbres qu'ils
peuvent prouver avoir plantés 40 ans avant les décrets du
4 août 1789, tout en permettant aux communes de les ra-

_____

(1) Contra, arrêt Parl. Paris, 21 juillet 1759.

cheter sur le pied de leur valeur actuelle. S'ils ne peuvent faire cette preuve, ils appartiennent à la commune, qui doit seulement rembourser les frais de plantation (art. 13).

Quant aux arbres des routes nationales, nul (d'après une loi de 1792, art. 18) ne peut se les approprier. Les riverains ne peuvent prétendre qu'aux fruits, à l'élagage et aux bois morts, à la charge de les replanter, et ce avec l'agrément des corps administratifs. Un arrêt du conseil du 20 février 1774 avait jugé que ces arbres faisaient partie du domaine public, et, en conséquence, qu'on ne pouvait avoir aucun droit de propriété sur eux.

SECTION II.

Des arbres le long des rivières.

Des arbres plantés trop près des rivières navigables, sur le chemin de halage, pouvaient être nuisibles à l'intérêt de la navigation; le législateur devait prévoir cet inconvénient; aussi différentes ordonnances et des arrêts sont-ils venus réglementer cette matière.

L'article 2 de l'arrêt du conseil du 24 juin 1777, portant règlement pour la navigation de la Marne, défend de planter arbres ni haies, tirer fossé ni clôture plus près des bords que de 30 pieds.

Un arrêt du conseil du 17 juillet 1782, concernant la navigation de la Garonne, défend (dans son art. 10) de planter des arbres sur les amas de terre formés le long des bords de la Garonne, et, s'il paraît convenable de faire quelques plantations, il enjoint d'en obtenir la permission de l'intendant et commissaire départi.

L'article 15 de l'arrêt du conseil du 23 juillet 1783, réglementant la navigation de la Loire et rivières y affluentes, prescrit qu'on ne pourra planter des arbres ou arbustes plus près de 10 toises du pied des glacis des levées, et ce seulement du côté de la campagne. Une ordonnance de l'intendant du Languedoc, du 16 avril 1781, enjoint aux particuliers qui ont planté, coupé et déposé des arbres sur les talus et dans le lit de la rivière de l'Aude, de les faire arracher et enlever, avec défense d'intercepter le cours des eaux.

Une ordonnance du bureau des finances de la généralité de Paris, du 18 juin 1784, défend de planter des arbres plus près de six pieds des rives des rivières de Blaise, du Blairas et des Teinturiers, près la ville de Dreux, et ordonne d'arracher ceux qui se trouveront sur ces rives dans l'espace déterminé.

SECTION III.

Des arbres le long des forêts.

L'article 6 du titre 27 de l'ordonnance de 1629 défend de planter aucune espèce d'arbres ou bois à cent perches des forêts du roi, sans sa permission expresse, à peine de 500 liv. d'amende et de confiscation.

L'article 3 du titre 28 prescrit d'essarter et couper tous bois, épines et broussailles qui se trouveront dans l'espace de 60 pieds ès grands chemins servant au passage des carrosses publics, tant des forêts du roi que de celles des ecclésiastiques, des communautés, seigneurs et particuliers.

Un arrêt du conseil du 2 janvier 1761 ordonne à tous propriétaires de bois situés sur les bords des grandes routes, de les faire couper et essarter sur 25 toises de largeur de chaque côté desdites routes.

TROISIÈME PARTIE.

DROIT MODERNE.

Droit civil.

CHAPITRE PREMIER.

DES DISTANCES A OBSERVER DANS LA PLANTATION DES ARBRES.

§ Ier.

Commentaire de l'art. 671 C. N.

L'étude de notre ancienne jurisprudence nous a montré une diversité de doctrines bien marquée dans nos différentes coutumes. Les unes sont muettes, les autres fixent, pour la distance à observer dans la plantation des arbres, tantôt trois, cinq, tantôt sept pieds. Les arrêts des Cours viennent encore augmenter la confusion par leur peu d'uniformité ; la contrariété existait même entre les jugements d'un même tribunal. Nous rappelons les décisions mentionnées ci-dessus du parlement de Paris. Des critiques se sont élevées sur l'aspect de cette *bigarrure* intolérable que présentaient nos coutumes.

Mais, au milieu de cette diversité d'opinions, il y avait un principe qui dominait toute la France : c'est le principe protecteur de l'agriculture. Nous l'avons vu naître dans la loi de Solon, se conserver dans le droit romain, et faire la base de presque toutes les décisions de notre ancienne jurisprudence. Il ne faut pas que l'arbre puisse nuire au fonds voisin ; dès que, par ses branches ou par ses racines, il peut causer quelque préjudice au champ limitrophe, on en ordonne immédiatement l'élagage, ou bien on le fait arracher. C'est ce même principe que nos anciens parlements ont eu constamment en vue, quand ils ont rendu ces décisions qu'on trouve bizarres, mais qui ne laissent pas que d'être empreintes de sagesse et d'équité. Ils tenaient compte de la diversité du sol, des exploitations rurales, des espèces de plantations, des mœurs même des habitants. La distance fixée pour le jonc marin peut-elle être la même que celle fixée pour l'olivier et le figuier ? Celle du sapin peut-elle être la même que celle du chêne ? Non, évidemment.

Aussi le législateur moderne a-t-il cru sage et prudent de respecter nos anciens usages et nos anciens monuments de la jurisprudence. Voici comment M. Berlier s'exprimait dans l'exposé des motifs : « La conciliation des usages a été jugée *impossible*, lorsqu'il a été question de plantations limitrophes, ou du moins il n'a pas été permis de les assujettir à une mesure commune et uniforme. Les principes généraux, déduits de la seule équité, indiquent suffisamment que le droit de tout propriétaire cesse là où commencerait un préjudice pour son voisin.... Et la fixation d'une distance quelconque n'est-elle pas incompatible avec la variété des cultures et du sol, sur un territoire aussi étendu que celui de la République ? Pour ne rien retrancher du légitime exercice de la propriété, mais pour ne pas blesser non plus les droits du voisinage, il a fallu se borner à n'indiquer sur ce point, et par voie de disposition générale, une distance commune, qu'en l'absence de règlements et usages locaux. » (§ 10 de l'exposé des motifs.)

Cette théorie a passé dans l'article 671 du Code Napoléon, et voici ce qu'il porte : « Il n'est permis de planter des arbres de haute tige qu'à la distance prescrite par les règlements particuliers actuellement existants, ou par les usages constants et reconnus, et, à défaut de règlements et usages, qu'à la distance de deux mètres de la ligne séparative des deux héritages pour les arbres à haute tige, et à la distance d'un demi-mètre pour les autres arbres et les haies vives.

Cet article a été l'objet de vives critiques. Comment appliquer, comme disposition générale, les décisions diverses et contradictoires de la même Cour ? comment se conformer à des usages incertains ? Le Code, a-t-on dit sans y prendre garde, a consacré la règle de l'uniformité ; les usages sont pour la plupart nuls, insuffisants, et alors on applique la règle de l'article 671. Mais cette distance de deux mètres n'est pas suffisante. Quand l'arbre est parvenu à maturité, la moitié de son tronc occupe ces deux mètres : ainsi le chêne du roi, dans la forêt de Vincennes, avait, si l'on en croit de Perthuis (*Traité de l'aménag. des bois et forêts*), 20 pieds de tour, 80 pieds d'envergure, 90 à 100 de hauteur. Il faut donc espérer, dit M. Pailliet (*D'c. du dr.*, v° *arbre*, § 103), que le Code rural remédiera à ces inconvénients en proportionnant les distances suivant la nature des arbres qu'on veut planter.

La nature même de ce travail ne nous permet pas d'entrer dans les différents systèmes qu'on a proposés, ni dans les différentes modifications qu'on pourrait proposer sur l'article 671. Nous n'avons pas à rechercher s'il vaudrait mieux ici établir une règle générale et uniforme pour toute la France ou bien respecter les anciens usages, s'il est impossible de les concilier, si l'on ne pourrait pas diviser la

France en grandes zones, avec des lois spéciales pour chacune. Tout cela est l'œuvre du législateur ! En attendant la confection du Code rural, nous n'avons seulement qu'à nous occuper de la loi existante et à présenter un résumé succinct de la doctrine et de la jurisprudence.

Arbres à haute ou basse tige. — La première remarque à faire sur l'article 671 a trait à la division que nous donne le législateur des arbres à haute tige et des arbres à basse tige.

A quel caractère distinguer si l'arbre est à haute tige ou à basse tige? Nous devons, sur ce premier point, mentionner l'existence d'une controverse. Les arbres à haute tige sont, d'après un auteur, les peupliers, acacias, figuiers, etc., et arbres de nature à s'élever à plus de 4 mètres de hauteur ;

A basse tige, framboisiers, groseilliers, grenadiers, etc., pourvu qu'on ne les laisse pas s'élever au-dessus de 4 mètres.

Un savant professeur s'en remet aux juges du soin de décider si l'arbre est ou non à haute tige. Et la jurisprudence admet que c'est la nature des arbres, et non leur élévation, qui détermine la distance à observer.

La loi se sert des mots *arbres plantés;* faut-il en conclure que si les arbres poussaient spontanément, en vertu d'un semis naturel, le voisin serait tenu de les respecter, encore qu'ils ne fussent pas à la distance légale? peut-on dire qu'ils appartiennent au propriétaire du sol par droit d'accession, et, dès lors, qu'ils font partie de son domaine? Peut-on dire que les arbres plantés, au contraire, sont soumis à d'autres règles, parce qu'il y a là un fait de l'homme, une volonté manifeste ?

Nous ne le pensons pas. Quand le voisin voudra faire arracher l'arbre, le propriétaire de cet arbre dira : Je ne l'ai pas planté, il a poussé spontanément; mais ce ne sera pas tout que d'alléguer ce fait, il faudra encore le prouver.

Or comment prouver qu'il y a 10, 15 ou 20 ans, selon l'âge de l'arbre, la semence de laquelle l'arbre est sorti n'a pas été déposée dans le sol soit par le fait d'un tiers agissant pour le propriétaire comme mandataire ou gérant d'affaires, soit même par son propre fait ? Cette impossibilité matérielle de prouver le fait allégué pour défense doit faire rejeter cette étrange doctrine. Au surplus, en supposant la preuve faite, il ne pourrait y avoir rien de changé au droit ; l'arbre planté n'appartient-il pas au maître du sol par le fait de son incorporation au terrain, absolument comme l'arbre semé ! Est-ce que, d'ailleurs, l'intérêt de l'agriculture n'exige pas qu'il soit arraché aussi bien que l'arbre planté ? La loi, en se servant des mots arbres plantés, s'est placée dans le cas le plus fréquent ; elle statue sur le *plerumque fit*. Il faut donc décider que le voisin aura le droit de faire arracher un arbre qui aura été ou non planté, s'il se trouve en deçà de la distance légale, et s'il n'y a pas eu prescription (1).

L'intérêt que le législateur portait à l'agriculture a fait décréter l'article 671 ; mais les termes de cet article sont généraux, absolus ; dès lors il doit s'appliquer aux héritages urbains comme aux héritages ruraux. Dans notre ancienne jurisprudence, la règle des distances ne s'appliquait pas aux villes (2). On ne saurait suivre aujourd'hui cette décision, et nous ne croyons pas qu'en présence de la généralité des termes de l'article 671, on puisse, comme le faisait autrefois Pothier (*Société*, n° 242), distinguer si l'héritage voisin auprès duquel les arbres sont plantés est une cour

(1) Cass. 13 mars 1850 (Dev. 1850, 1, 385).—Duranton, t. 5, n° 386. Marcadé, art. 671, n° 1.

(2) Brillon, v° *arbres*. Cappolla, *De serv. urb. præd.*, cap. 40, n° 1. Goupy sur Desgodets, p. 386. Dans ce sens, Rolland de Villargues. Rép., n° 42.—Cappeau, *Lég. rurale*, n° 98.

de maison à laquelle les racines qui s'y étendraient ne pourraient porter aucun préjudice (1).

L'article 671 s'applique également aux arbres fruitiers placés en espaliers, dans les villes, le long des murs. Un auteur (2) a voulu distinguer si les arbres dépassaient ou non la hauteur des murs ; s'ils dépassent le mur, on accorde le droit au voisin de les faire retrancher, car ils peuvent alors lui nuire par leur ombrage. Mais la loi ne fait pas une pareille distinction; l'arbre peut nuire par ses racines au fonds voisin, encore qu'il ne dépasse pas la hauteur du mur.

Il faut remarquer que cette application rigoureuse mais exacte de l'article 671 reçoit dans la pratique un tempérament équitable. L'article 671 laisse subsister les anciens usages : presque partout les bonnes relations du voisinage ont modifié cette conséquence de la loi, et les usages ont permis d'appuyer les arbres fruitiers ou d'agrément des jardins le long des murs séparatifs des héritages. Le voisin ne réclame pas tant qu'il ne souffre aucun préjudice *propter radices, vel ramos, vel frondes*. Nous rappelons la disposition de la coutume de Toulouse qui voulait que la tige des arbres en espaliers fût éloignée de 6 pouces du mur mitoyen, et de 18 du mur non mitoyen, sans même que, dans ce dernier cas, les branches de l'espalier pussent y être attachées. La plupart des autres coutumes avaient des dispositions plus en rapport avec les relations qu'exige un bon voisinage, et on parait aujourd'hui suivre cet usage (3).

L'usage est encore de planter des arbres sur le bord d'un cours d'eau naturel, bien que le lit, presque toujours mitoyen, ne présente pas une largeur double de celle détermi-

(1) Nîmes, 11 juillet 1833, D. 1834, 11, 7. Demolombe, n° 185.

(2) Sebire et Carteret, *Encyclop. du droit*, v° *arbres*, n° 9.

(3) Solon, n° 230. Vaudoré, t. 2, § 1, n°° 8-10. Demolombe, 186.

née par la loi. Il en serait autrement s'il s'agissait d'un canal artificiel qui serait la propriété exclusive du propriétaire d'un moulin.

L'article 671 est encore applicable aux forêts. Le Code
forestier n'a fait qu'une exception: elle est relative à l'élagage, que les voisins ne peuvent plus demander lorsque les
arbres ont plus de 30 ans d'existence. Cette interprétation
se trouve confirmée par l'art. 176 de l'ordonnance royale
du 1er août 1827, qui porte que les plantations destinées à
remplacer les arbres actuels de lisière seront effectuées en
arrière de la ligne de délimitation des forêts, à la distance
prescrite par l'art. 671 C. N.

Nous ne distinguons pas aussi le cas où il s'agit d'arbres
épars plantés de main d'homme, et celui où un propriétaire veut convertir un fonds de terre en bois par le moyen
d'un semis. Proudhon (*Usuf.*, t. 6, p. 362) croit voir « dans
l'ensemble de l'article qu'on a voulu soumettre le voisin des
héritages qui sont les plus précieux à des règles qui ne
s'observent pas à l'égard des fonds de dernière classe qui
sont à proximité des forêts » Puisqu'il admet qu'un propriétaire peut convertir son héritage en bois, il pourra fort
bien arriver, comme le remarque un savant professeur, que
les terrains voisins ne seront pas de *la dernière classe*, mais
qu'ils pourront bien être du nombre des *héritages les plus
précieux.* Cette distinction ne peut donc se justifier ; elle est
trop contraire à la généralité des termes de l'art. 671.

Nous croyons que l'article 671 est applicable entre deux
bois. Les arbres, en effet, peuvent ne pas avoir tous la même
force et la même vigueur ; il peut s'en trouver un sur la
limite d'une des propriétés qui ait pris des proportions
telles, qu'il va rendre par ses racines le terrain stérile et nuire
au développement des arbres voisins. La doctrine contraire
aurait le tort de jeter une grande incertitude sur les limites

par la confusion même des arbres. Sans doute le propriétaire français n'est pas dans l'habitude de faire à cheval, comme le citoyen romain, le tour de sa propriété ; mais, dans maintes circonstances, il peut lui être très-utile d'avoir des limites nettement établies. Nous sommes donc conséquents avec nous-mêmes en appliquant l'art. 671 dans toute sa généralité, en ne reculant devant aucune conséquence de ce système, et nous ne sacrifions pas, en l'adoptant, les intérêts du propriétaire (1).

L'article 671 fixe une distance, mais ce n'est qu'au cas où il n'existe pas dans la localité de *règlements particuliers ou d'usages constants et reconnus.*

Dans les pays de droit écrit qui suivaient d'une manière constante le droit romain, il faudra encore aujourd'hui en appliquer les dispositions ; ce droit n'était-il pas invariablement suivi ? il faudra se conformer aux règlements particuliers ou aux usages bien reconnus. Que s'il n'y en avait pas, on devrait alors appliquer les dispositions du Code Nap. (2).

Il ne peut y avoir de difficulté pour l'observation des règlements particuliers ; le texte est écrit, le sens est déterminé par les dispositions textuelles.

Il n'en est pas de même des usages. L'usage est défini par Pardessus (*Serv.*, n° 340) « une loi non écrite, ayant la force et l'autorité d'une loi écrite, fondée sur l'opinion universellement reçue par les gens instruits et sur ce que toutes les conventions sont faites ainsi sans contradiction. » Il lui faut l'uniformité et l'unanimité : l'uniformité, car autrement, comme le dit Voet (*ad Pand. de leg.*, n° 87), une foule de témoins qui attesteraient des faits séparés n'établiraient pas

(1) Arrêt du 20 mars 1828, Cass.
(2) Lepage, t. 1er, p. 126.

un usage véritable ; ils ne doivent varier entre eux ni sous
le rapport des circonstances, ni sous le rapport des temps
ou des personnes. Il faut de plus l'unanimité ; il faut une
prépondérance bien marquée sur le petit nombre qui ignore
l'usage : l'usage général suppose en effet le consentement
présumé du grand nombre. Voilà les caractères que le Code
exige, quand il commande que les usages soient *constants*
et *reconnus*

Il appartiendra aux tribunaux de décider ce point de fait,
et rien n'empêche qu'ils ne puissent recourir à la preuve
testimoniale. Un arrêt de la Cour de Poitiers, du 7 janvier
1831, a autorisé, sur la plaidoirie d'un de nos savants
professeurs, à prouver, tant par titres que par témoins,
que l'usage constant et reconnu de la commune de Ver-
rues, avant et depuis la promulgation du Code, est de ne
planter les noyers qu'à la distance de 2 mètres 292 milli-
mètres (9 pieds) de la ligne séparative des deux héritages.
Cette preuve testimoniale serait admissible, bien qu'aucune
preuve écrite de l'usage n'eût existé avant la promulgation
du Code Napoléon (1). Les usages locaux ne sont pas écrits,
ils reposent sur l'habitude constante d'agir de la même
manière dans une localité ; puisque la loi n'a pas indiqué
le moyen de les reconnaître ou de les constater, il faut s'en
tenir aux preuves dont on se sert ordinairement pour établir un fait ; s'ils étaient écrits, on n'aurait pas besoin d'en
demander la preuve.

L'ensemble de l'article 671 démontre que le législateur
s'est référé aux anciens usages, non pas seulement pour
l'observation des distances des arbres à haute tige, mais
encore pour celle des arbres à basse tige ; ce n'est pas seu-

(1) Bourges, 16 novembre 1830.

lement la première partie de l'article qui parle de ces règlements, c'est encore la deuxième, qui ne détermine la
distance d'un demi-mètre qu'à défaut de règlements et
usages.

Il faudra donc observer les anciens règlements ou usages,
et on ne distinguera pas s'ils fixent une distance plus ou
moins grande que celle de l'article 671. L'article 671 ne
fixe pas, en effet, un maximum ou un minimum ; il se réfère
simplement aux anciens usages , qui seuls feront la loi.

Mais si les anciens usages ne fixaient aucune distance, si
le propriétaire avait toute liberté pour planter les arbres
près de la limite, devrait-on encore aujourd'hui observer
un tel usage ? La Cour de Bourges, dans un arrêt du 29 août
1826, s'est décidée pour l'affirmative; elle reconnaît que
l'usage est abusif, mais que, la loi l'ayant maintenu, il ne
dépend pas des tribunaux de porter plus loin qu'elle leur
prévoyance, et qu'au surplus le remède est dans le droit
qu'a le voisin de couper les racines et de contraindre le
propriétaire à couper les branches qu'il a sur son héritage.

Cette opinion est également celle de quelques auteurs (1).

Nous ne croyons pas pouvoir l'admettre. La loi se réfère
à la *distance prescrite par les usages;* elle entend évidemment par là qu'il y ait une distance; du moment que l'usage
n'en prescrit aucune, c'est la distance de l'article 671 qu'il
faut observer. Du reste , l'habitude de planter sans observer de distance n'est pas un usage, c'est plutôt une absence d'usage. L'usage n'est pas le désordre, et la loi ne
peut entendre consacrer des habitudes qui seraient si contraires aux intérêts de l'agriculture et de la propriété (2).

(1) Carou, *Act. poss.*, n° 282 ; Garnier, *Act. poss.*, p. 227.
(2) M. Demolombe, t. 1, p. 551; Pardessus, n° 310.

La seule exception qu'il faudrait faire serait celle relative aux plantations d'arbres fruitiers dans les villes; les relations de bon voisinage l'exigent, et on ne peut dire qu'il n'y a pas de distance, il y a le mur pour limite !

§ II.

Comment se calcule la distance.

La distance se prend de la surface de l'arbre au moment de la plantation en ligne droite jusqu'au point séparatif des héritages.

La ligne est-elle marquée par un mur, un fossé, une haie ? si l'objet séparatif appartient à celui qui fait la plantation, cet objet, dans toute son épaisseur ou largeur, fait partie de la mesure.

Si le mur est mitoyen, la distance se termine à la moitié de l'épaisseur du mur.

Il peut arriver que le mur mitoyen soit d'une telle épaisseur, que la moitié de cette épaisseur remplisse ou excède l'espace de la distance ; dans ce cas, la règle est, d'après Lepage (p. 235), de planter la tige de l'arbre à la distance de six pouces à partir du parement du mur. Ce conseil est donné par les architectes pour la conservation du mur, et par les cultivateurs pour la conservation des arbres.

Si le mur appartient au voisin, la distance pour le propriétaire de l'arbre doit se calculer jusqu'au parement du mur qui regarde la plantation.

Si c'est un petit cours d'eau, un canal qui sépare les héritages, il faudra examiner si les riverains en sont copropriétaires ; la distance se calculera à partir de la moitié du lit. Si le cours d'eau appartient à l'un des riverains, celui qui voudra planter sur l'autre bord ne pourra planter qu'à deux mètres en deçà de sa propre rive ; si le cours d'eau appartient au propriétaire qui veut planter, on calculera la distance à partir de l'autre bord, du côté du voisin.

Toutefois il a été jugé qu'il suffit qu'il soit constaté que, de temps immémorial, les propriétaires riverains d'un cours d'eau appartenant au propriétaire d'un moulin sont dans l'usage de planter des arbres sur les bords sans observer les distances, pour que ce dernier ne soit pas fondé à demander l'arrachement de ceux qui ont été ainsi plantés, même depuis moins de trente ans (1).

En Normandie, dans les fossés dans lesquels remontait le flux de la mer, il était d'usage que le possesseur des deux rives du fossé fît planter des arbres aquatiques, tels que saules, aunes, etc., sur les deux rives. Cette plantation se faisait sur le bord du fossé et dans le pied et demi de répare que le possesseur du fossé avait laissé, lors de son établissement, au delà et du côté du voisin. Un arrêt du 28 avril 1828 de la Cour de Rouen a sanctionné cet usage, qui avait son origine dans l'article 7 du règlement du 17 août 1751. La raison est que ces arbres sont plutôt pour le voisin une garantie contre l'atteinte de l'eau de la mer, qu'une cause de dommage ; ils fortifient le fossé, et empêchent ainsi l'eau de miner sa propriété. L'usage est de réduire les arbres en têtards à la hauteur de 6 pieds, et de les émonder tous les trois ans.

Si les héritages étaient séparés par un chemin public, la distance se calculerait à partir du bord extérieur du fonds voisin ; on devrait en dire autant, si c'était une rivière ni navigable ni flottable qui formât la limite, et si on décidait, avec la jurisprudence, que le lit n'en appartient pas aux riverains, qu'il est *res nullius*.

(1) Cass. req. 31 mars 1835.

Voilà ce qui a trait à un des points de la distance ; mais est-ce à partir de la surface de l'arbre ou bien de son centre qu'on doit fixer l'autre point pour la calculer? Nous pensons que c'est à partir de la surface, c'est-à-dire de l'écorce, mais seulement au moment de la plantation. Le législateur, en effet, en fixant la distance, a pensé évidemment que l'arbre grossirait; il a certainement pris ses mesures en prévision de ce fait; l'arbre peut grossir, sans pour cela se mettre en contravention avec la loi.

§ III.

Quel est le caractère de la prohibition portée en l'art. 671?

La prohibition établie par la loi constitue-t-elle une servitude, ou n'est-elle qu'un mode d'exercice du droit de propriété?

La solution de cette question est importante à cause des conséquences diverses qu'elle entraîne relativement à la prescription et à la destination du père de famille.

MM. Pardessus, Toullier, Favard, y voient une véritable servitude. En effet, disent-ils, chacun est libre de jouir de sa chose comme bon lui semble ; dès lors, chacun doit avoir le droit de planter des arbres sur l'extrémité même de sa propriété. La loi ne permet de les planter qu'à une certaine distance, c'est donc une servitude qu'elle impose au profit du fonds voisin.

Nous croyons, au contraire, avec plusieurs auteurs, qu'il n'y a pas là une véritable servitude , mais un mode d'exercice du droit de propriété. Il n'est pas vrai, en effet, que chacun ait le droit de jouir de sa chose comme il l'entend ; son droit cesse dès qu'il veut nuire à autrui : on ne peut dire de la propriété que c'est le droit de nuire à autrui.

L'art. 544 C. N. nous la définit « le droit de jouir et de disposer de sa chose de la manière la plus absolue, pourvu qu'on n'en fasse pas un usage prohibé par la loi et les règlements. » Si l'on admettait le système contraire, si l'on admettait que la propriété est ainsi grevée de cette servitude légale, on arriverait forcément à cette conséquence, qu'il n'y a pas en France un seul droit de propriété qui soit entier !

N° 4. Appliquons maintenant ces principes à la question de la prescription.

Un propriétaire qui a possédé pendant trente ans des arbres plantés en deçà de la distance légale a le droit de les conserver.

En effet, veut-on voir dans l'article 671 une servitude légale ? cette servitude s'éteindra par la prescription, et, partant, le fonds deviendra libre ; le propriétaire plantera aussi près qu'il voudra de l'héritage voisin.

Adopte-t-on l'opinion contraire sur l'article 671 ? le propriétaire qui a possédé ces arbres pendant 30 ans a acquis une servitude sur le fonds voisin ; la servitude dont il s'agit peut s'acquérir par prescription, puisqu'elle est continue et apparente.

La jurisprudence est désormais fixée sur ce point ; elle admet la prescription ; mais la question de principe est moins nettement tranchée. Un arrêt du 9 juin 1825 cass. a décidé que la défense de planter des arbres à une distance plus ou moins rapprochée d'un héritage voisin était, sous les coutumes d'Orléans et de Paris, une servitude dont la *libération* pouvait s'obtenir par une prescription de 30 ans. Un autre de la chambre des requêtes, du 25 mai 1842, a jugé que cette fixation de distance n'était qu'une servitude établie sur un fonds pour l'utilité de l'autre fonds ; mais il admettait en même temps la possibilité de s'en affranchir par la prescription, d'autant mieux que les anciens règlements, comme l'article 671 , ne contiennent aucune disposition relative à l'ordre public.

Dans notre ancien droit , cette distinction offrait encore plus d'intérêt ; dans certaines coutumes, les servitudes ne pouvaient s'acquérir que par titre ou par une prescription plus longue que celle exigée pour la libération. Sous la coutume de Normandie, le droit d'avoir des arbres à moins de 7 pieds du fonds voisin était assimilé à une servitude de vue ou d'égouts, laquelle ne pouvait s'acquérir sans titre que par une possession de 40 ans (1). Il en était encore ainsi sous l'empire de la coutume de Ponthieu : la prescription ne pouvait suffire pour l'acquisition d'une servitude , notamment pour l'acquisition du droit de conserver des arbres plantés en deçà de la distance (2). Toutefois, malgré cette jurisprudence, nous croyons devoir persister dans notre manière de voir sur l'art. 671, et nous pensons que la prescription peut faire acquérir une servitude, et non en éteindre une qui n'existe pas.

La prescription commence à courir du jour où l'arbre est planté ; si l'arbre était dans une haie, on ne pourrait plus alors la faire courir du jour de la plantation, mais seulement du jour où l'état des arbres a changé , soit par suite de leur élévation, soit par suite des greffes qui y ont été apposées (3); en un mot, à partir du jour où ils commencent à exister comme arbres de haute tige (4).

Nous devons maintenant nous occuper de savoir ce que l'on a prescrit, si c'est l'extinction ou l'acquisition d'une

(1) Arrêt du 28 février 1831 C. cass.

2) Amiens, 21 déc. 1821.

3) Même arrêt.

(4) 16 nov. 1830. Bourges.

servitude , et , en conséquence, si on a le droit de replanter des arbres à la même distance et au même endroit que les premiers, ou si l'on n'a acquis que le droit d'avoir ces mêmes arbres.

Dans le système de MM. Pardessus, Favard, Tardif sur Fournel , on dit : J'ai planté des arbres en deçà de la distance légale, je les ai possédés pendant 30 ans ; j'ai par conséquent affranchi mon fonds de la servitude légale qui pesait sur lui ; j'aurai donc le droit d'en replanter d'autres, une fois que les premiers seront arrachés, aussi près que je voudrai du fonds voisin.

Nous n'admettons pas ce raisonnement ; nous l'attaquons par sa base ; nous avons déjà démontré qu'elle n'était pas exacte, et que les fonds n'étaient pas ainsi grevés d'une servitude légale. On ne peut donc pas prescrire l'extinction de cette servitude.

D'autres auteurs (1). qui pensent, comme nous, qu'il y a acquisition d'une servitude , concluent cependant que la prescription donnera au propriétaire des arbres le droit de les replanter.

D'après les art. 703 et 704, les servitudes cessent quand les choses se trouvent en un état tel qu'on ne peut plus en user ; elles revivent si les choses sont rétablies, avant 30 ans, dans leur état primitif ; et puisque, aux termes de l'art. 665, les servitudes revivent à l'égard d'une maison qu'on construit au lieu et place de l'ancienne, pourquoi n'en serait-il pas ainsi d'un arbre planté à la même place que l'ancien ? On suppose que le remplacement se fasse sans aggravation de la servitude et avant l'expiration du délai de 30 ans.

Mais nous ne pouvons admettre la conséquence de ce sys-

(1) Tardif, Neveu de Rotrie, p. 73 ; Sebire et Carteret, Encyclop., v° arbres, art. 1, n° 12.

tème ; l'assimilation entre un arbre et une maison n'est pas exacte; la loi romaine (7, D. *de serv. præd. urb.*) en avait saisi la différence. L'arbre n'est pas planté à perpétuelle demeure; il ne l'a peut-être été que pour être coupé ; la maison, au contraire, prouve que celui qui l'a bâtie a eu l'idée de l'avoir toujours là ; elle ne périra qu'accidentellement. L'arbre n'offre pas ce caractère de continuelle durée.

Notre opinion, du reste, est conforme aux véritables principes en matière de prescription. On ne prescrit que ce que l'on a possédé : j'ai possédé ces arbres pendant 30 ans ; le voisin est resté dans l'inaction ; on ne peut induire de son silence le droit d'avoir des arbres toujours plantés au même endroit : *tantum præscriptum, quantum possessum* (1).

Un auteur (Devilleneuve, 1846-11-609, not. 1) arrive au même résultat que nous, mais par un autre raisonnement. Il reconnaît la possibilité de l'assimilation de l'arbre avec la maison, et dit : Le voisin avait, pendant 30 ans, le droit de faire arracher l'arbre ; il est resté dans l'inaction : or toutes les actions se prescrivent par 30 ans ; de là, pour le maître de l'arbre, le droit de le conserver en deçà de la distance légale. Nous croyons que le maître de l'arbre aura gagné quelque chose par suite de l'inaction de son voisin ; un droit est né pour lui : il a acquis une servitude; c'est ce droit que le système de M. Devilleneuve a le tort de méconnaître.

Notre opinion aura encore l'avantage d'éviter les nombreuses difficultés qui peuvent résulter du remplacement des arbres ; il ne sera pas toujours facile de savoir si l'arbre existait bien depuis 30 ans, de constater sa distance du fonds voisin. Quel intérêt a donc l'autre opinion à ne pas

(1) Marcadé, Ducaurroy, Bonnier et Roustain. — Arrêt Paris, 13 juin 1863.

vouloir replanter les arbres à la distance voulue par la loi ?
Elle n'en a aucun pour les arbres isolés ; elle peut en avoir
pour les arbres plantés en allée, et cette utilité a suggéré à
un savant professeur l'idée d'un système intermédiaire. Il
accorde le droit de remplacer les arbres, quand ils appartiennent à une allée ou à une avenue. Sans doute il peut
paraître étrange à l'œil de voir un arbre d'une avenue
planté en arrière de la ligne où sont plantés les autres ;
mais nous ne pensons pas que le législateur ait entendu faire
cette distinction.

L'État lui-même, pour ses forêts, est soumis à la règle de
l'art. 671. Les plantations destinées à remplacer les arbres
actuels de lisière seront effectuées *en arrière* de la ligne de
délimitation des forêts, à la distance prescrite par l'art. 671.
(Art. 176, ord. 1er août 1827.)

Nous n'appliquerions pas non plus la prescription aux
arbres plus jeunes qui auraient été plantés ou semés, ou
qui seraient accrus naturellement auprès et sur la ligne des
anciens, s'ils n'eussent eux-mêmes été l'objet d'une possession trentenaire (1).

Il arrive souvent que si un arbre est coupé au niveau du
sol, de nouvelles pousses s'élèvent et forment même des rejets assez vigoureux. Ces rejets peuvent-ils être considérés
comme la continuation de l'arbre auquel le bénéfice de la
prescription est acquis? Nous ne le pensons pas. Non-seulement ces rejets n'ont, en général, ni la même direction ni
la même forme que l'arbre abattu, mais ils n'occupent pas
la même place ; ils croissent quelquefois ou sur la racine
principale, ou sur les racines horizontales, quelquefois
même à un mètre de l'arbre abattu. On ne peut donc pas
leur appliquer le bénéfice de la prescription, acquis seule-

(1) Cass. 28 nov. 1853.

ment à l'arbre : *tantum præscriptum* , *quantum possessum!*
Si l'on admettait le contraire, ces rejets ne tarderaient pas
à envahir la propriété voisine ; ils donneraient naissance à
un nouvel arbre qui serait censé la continuation du précédent, et qui, à son tour, serait plus préjudiciable encore
pour le fonds voisin. L'intérêt de l'agriculture exige donc
qu'on n'applique pas à ces rejetons la prescription acquise
à l'arbre lui-même.

N° 2. Il importe d'être fixé sur le caractère de l'art. 671,
pour décider une autre question. Peut-on invoquer la destination du père de famille pour conserver des arbres qui ne
seraient pas plantés à la distance légale? On suppose que
les arbres existaient au moment où les deux fonds ont été
séparés par suite d'une vente ou d'un partage. Si on voit
dans l'article 671 l'acquisition d'une servitude pour celui
qui a possédé ces arbres plantés en deçà de la distance légale, on conçoit que le propriétaire, qui prétend que le
fonds voisin est grevé d'une servitude , puisse invoquer la
destination du père de famille. Elle jouera ici son rôle ordinaire.

La loi , en établissant la destination du père de famille
comme mode d'acquisition des servitudes, a supposé qu'il
était tacitement entendu entre les parties que les choses
resteraient dans l'état où elles étaient au moment où elles
ont cessé d'appartenir au même propriétaire. On comprend
que le propriétaire de deux héritages peut établir entre eux
des rapports susceptibles de se transformer, lors de la séparation, en un *jus servitutis*. Ce droit de servitude est impossible entre ses mains, en vertu de la maxime *res sua nemini
servit*.

Si on entend l'article 671 dans le sens de MM. Pardessus,
Taulier, si on y voit une servitude légale grevant tous les héritages , on ne pourra plus admettre la destination du père de

famille ; car la servitude qui existait primitivement, avant la réunion des deux fonds dans les mêmes mains, a été nécessairement éteinte par le seul fait de cette réunion ; la destination du père de famille n'a plus de raison d'être. On voit donc qu'il est utile de distinguer si la plantation en deçà de la distance légale constitue une extinction ou une acquisition de servitude.

La jurisprudence offre des décisions contraires (1) ; mais on peut dire qu'elle incline en général vers l'application de la destination du père de famille. Nous croyons que c'est là le véritable sens de l'article 671 ; nous avons déjà dit plus haut pourquoi la plantation ne pouvait éteindre une servitude légale, qu'il nous paraissait, au contraire, en résulter une acquisition de servitude.

N° 3. Nous venons de voir deux manières de conserver les arbres plantés en deçà de la distance requise : la prescription et la destination du père de famille. Il y en a une troisième : les propriétaires peuvent convenir par titres qu'ils laisseront les arbres plantés à une moindre distance que la distance légale : rien ne peut les empêcher de grever leurs propriétés de servitudes. Si les propriétaires avaient fait une convention de cette sorte, pourrait-on y voir le droit de replanter les arbres dès que ceux-ci seraient arrachés ? Ce sera une question d'interprétation du titre ; on verra, par exemple, si la concession a été faite à titre onéreux ou à titre gratuit, si elle s'applique aux arbres actuels, si, en un mot, il paraît résulter de la généralité de ses termes que les parties ont entendu vouloir laisser des arbres perpétuellement à une moindre distance que celle fixée par la loi. Les

---

(1) Arrêts de la Cour de Paris, 12 févr. 1833, ch. des req. 16 juillet 1833; Bastia, 3 mars 1856, admettent la destination du père de famille.

règles établies par le Code Napoléon pour l'interprétation des conventions trouveront ici leur place.

CHAPITRE II.

(Commentaire de l'art. 672.)

DES BRANCHES, DES RACINES ET DES FRUITS.

§ Ier.

Sanction de la disposition de l'article 671.

« Il ne suffit pas de savoir à quelle distance on peut planter ; il faut encore, disait Basnage, connaître comment on doit tenir les arbres lorsqu'ils sont grands, afin que par leur ombre, par leurs racines et par leurs branches, ils ne causent de l'incommodité. »

L'art. 672 s'est inspiré de cette idée : « Le voisin peut exiger que les arbres et haies plantés à une moindre distance soient arrachés. Celui sur la propriété duquel avancent les branches des arbres du voisin peut contraindre celui-ci à couper ces branches. Si ce sont les racines qui avancent sur son héritage, il a le droit de les y couper lui-même. »

La première partie de cet article contient la sanction de la disposition de l'art. 671 ; le maître de l'arbre ne pourrait y échapper en alléguant que la différence entre la distance par lui observée et la distance légale est si minime que son arbre ne peut causer aucun préjudice au voisin. La jurisprudence refuse même de sanctionner l'engagement que prendrait le propriétaire de laisser en taillis les arbres à haute tige. Si on permettait ainsi aux propriétaires d'éluder la loi, il n'y aurait plus de règle fixe, tout serait abandonné à l'arbitraire. Les tribunaux sont liés par la disposition de l'article 671 relativement à la distance, de sorte qu'ils ne peuvent en aucune manière transiger à cet égard (1).

C'est au propriétaire qui veut faire arracher l'arbre qu'il prétend trop rapproché de son fonds, à prouver qu'il n'est pas à la distance légale.

Nous avons expliqué les différents modes au moyen desquels on peut conserver un arbre ainsi planté ; nous devons maintenant examiner les dispositions qui concernent les branches.

§ II.

Des branches.

Le droit romain ne permettait pas au propriétaire de couper les branches ni les racines qui s'étendaient sur son héritage. Notre ancienne jurisprudence distingua les branches des racines, et permit de couper celles-ci et de faire couper celles-là. Telle est encore la distinction que fait l'art. 672 : « Celui sur la propriété duquel avancent les branches du voisin peut contraindre celui-ci à les couper ; il peut au contraire couper lui-même les racines. » Cette distinction se justifie aisément, et nous croyons la disposition de notre loi française meilleure que celle du droit romain.

En effet, si on avait permis au propriétaire de couper les branches qui avancent sur son héritage, on pouvait craindre que par malice ou par inexpérience, il ne déshonorât l'arbre, et qu'il ne coupât les branches au delà du point où elles devaient l'être. Cette crainte n'existe pas pour les racines. Du reste, les racines poussent plus vite, elles sont pour le

(1) Cass. 5 mars 1850.

propriétaire de l'arbre d'un revenu moindre que ne le sont les branches. Le voisin ne trouve, la plupart du temps, ces racines qu'en labourant ; si on l'avait obligé à aller chercher le propriétaire pour qu'il pût lui-même les couper, on aurait ainsi ralenti les travaux de l'agriculture ; on aurait pu craindre que cette demande ne fût l'occasion de difficultés et de querelles, si le maître de l'arbre n'avait pas voulu obtempérer à la réquisition de son voisin.

Le Code ne distingue pas non plus entre les branches qui s'étendent sur un champ et celles qui s'étendent sur une maison. Dans ce dernier cas, le droit romain ordonnait de couper l'arbre tout entier ; le vent pouvait envoyer sur la maison des fleurs ou des feuilles, et causer ainsi un certain dommage en obstruant les conduits qui facilitaient la chute de l'eau. Bien que ce motif pût avoir, dans notre droit, quelque raison d'être, on ne saurait admettre aujourd'hui, en présence du texte général de l'art. 672, une pareille conséquence ; on doit dire que le maître de l'arbre est tenu d'élaguer toutes les branches qui s'avancent sur le fonds du voisin et à quelque hauteur qu'elles y soient ; mais, en aucun cas, celui-ci ne peut exiger l'abatage de l'arbre, dès qu'il est planté à la distance prescrite, encore qu'il pût lui causer de l'ombrage.

Nous avons vu que l'art. 671 se référait aux anciens usages ; on ne trouve pas dans l'art. 672 une disposition analogue ; il faut en conclure que le voisin a le droit de faire couper les branches qui viennent sur son fonds, quand bien même il eût existé dans la localité un usage contraire. Nous ne connaissons pas, il est vrai, d'usage contraire ; on peut même mettre en doute qu'il en ait existé ; un pareil usage serait trop contraire aux intérêts de la propriété ; mais il n'est pourtant pas impossible qu'il en ait existé ; dans ce cas, on ne pourrait dire que l'art. 672 les a maintenus; tout au contraire, il résulte de l'absence même de la mention des usages dans l'article qu'ils ont été abrogés. D'où, si un propriétaire sur le fonds duquel avancent les branches du voisin veut les faire couper, on ne peut l'en empêcher, sur le motif qu'en vertu d'un statut ou usage ancien, les propriétaires du lieu étaient en possession du droit de s'introduire respectivement dans leurs propriétés, pour y cueillir les fruits pendants aux branches des arbres qui s'y étendaient (1).

On devrait pareillement décider dans le cas où les branches avançantes sur le fonds voisin eussent été très-anciennes au moment de la promulgation du Code; l'usage ancien, qui permettait cette projection de branches sur le fonds voisin, ne pouvait être qu'une tolérance de la loi; cette tolérance ne pouvait accorder au propriétaire un droit irrévocable, s'étendant au delà du temps où subsisterait cette même loi, mais seulement une faculté mesurée sur le temps pendant lequel elle exercerait son empire.

La réquisition, en ce qui concerne l'élagage, doit être faite au moment de l'année favorable pour cette opération; mais le propriétaire ne peut lui-même couper ces branches, à moins qu'il n'y ait été autorisé par jugement; s'il les coupe sans cette autorisation, il commet un délit.

Ce droit n'appartient pas seulement au propriétaire; le fermier a également le droit de faire élaguer les branches qui nuisent à ses récoltes; il peut même faire condamner le propriétaire voisin à des dommages-intérêts, à raison du préjudice que ces branches lui ont causé.

Comme l'art. 671, l'art. 672 est également applicable aux forêts. Avant la promulgation du Code forestier, le ministre des finances avait plusieurs fois rejeté des demandes en éla-

(1) Arrêt Cass. 31 décembre 1810.

gage formées par des riverains des forêts domaniales ; l'administration soutenait que l'art. 672 n'était pas applicable aux forêts ; on invoquait l'art. 2 du titre XXXII e l'ord. de 1669, qui défend de déshonorer et même d'ébrancher les arbres des forêts de l'État. On doit dire que la jurisprudence avait repoussé ces prétentions.

Il pouvait, en effet, y avoir un certain inconvénient ; les arbres ébranchés pouvaient périr, ou tout au moins devenir impropres au service de la marine ou aux autres usages auxquels ils sont destinés.

L'art. 150 du Code forestier est venu apporter une exception : les propriétaires riverains des bois et forêts ne peuvent se prévaloir de l'art. 672 du Code Nap. pour l'élagage des lisières desdits bois et forêts, si les arbres de lisière ont plus de 30 ans. Tout élagage qui serait exécuté sans l'autorisation du propriétaire des bois et forêts donnera lieu à l'application des peines portées par l'art. 196 Code forestier. Il faut remarquer que l'exception introduite par cet article était toute spéciale et temporaire ; elle ne protégeait que ceux des arbres qui avaient plus de 30 ans au moment de la promulgation de la loi ; elle ne pourrait être étendue aux arbres de lisière des bois et forêts soit de l'État, soit des particuliers, qui n'ont acquis ou n'acquerront 30 ans d'existence que postérieurement à cette promulgation ; et voilà bien ce que déclare l'art. 176 de l'ordonnance réglementaire d'exécution du 1er août 1827 : « Quand les arbres de lisière, *qui ont maintenant plus de 30 ans*, auront été abattus, les arbres qui les remplaceront devront être élagués conformément à l'art. 672 Code Nap., lorsque l'élagage en sera requis par les riverains. »

Comment le propriétaire doit-il procéder pour faire couper les branches à son voisin? La loi lui accorde le droit de faire cette demande ; tant qu'il reste inactif, le maître de

l'arbre n'est pas obligé de couper ses branches ; il ne devrait même pas de dommages-intérêts pour les avoir laissé
s'étendre sur le fonds voisin. Le propriétaire sur le fonds
duquel avancent les branches est donc fondé à réclamer.
Il préviendra son voisin d'avoir à couper ses branches, et,
pour que ce dernier ne puisse nier cette réquisition verbale,
les auteurs conseillent, en général, au propriétaire réclamant, de se faire assister de deux témoins.

Si le voisin n'a pas obéi à cette injonction, le réclamant
doit lui faire faire sommation par huissier de les couper
dans un délai déterminé ; faute par lui d'exécuter cet ordre,
il pourra l'assigner pour voir ordonner que cette obligation
de faire sera exécutée par un autre à ses dépens.

Qui doit supporter les frais de la sommation? On décide
généralement que c'est le propriétaire de l'arbre. Le propriétaire voisin ne pouvait pas couper les branches, la loi ne
le lui permet pas; c'est donc la faute de l'autre partie de
ne les avoir pas coupées après l'avertissement qu'elle a
reçu, et d'avoir ainsi rendu nécessaire la sommation. Si l'on
décidait autrement, on arriverait à gêner l'exercice du droit
que la loi accorde au voisin de forcer le maître des arbres
à couper les branches qui s'avancent sur son héritage; ce
propriétaire préférerait plutôt souffrir l'incommodité qui
résulterait pour son champ de la présence des branches, que
de supporter les frais d'une sommation. On est responsable
du tort que l'on peut causer à autrui : or le voisin rend,
par son refus obstiné, une sommation nécessaire; c'est donc
à lui à en supporter les frais. Cependant remarquons que,
pour appliquer cette solution avec justesse, il faut que le propriétaire des arbres ait rendu nécessaire, par son refus ou
son inaction, cette sommation; il faut qu'il ait été requis
à l'amiable; autrement il peut penser que le voisin a l'intention de tolérer les branches sur son fonds ; pour qu'on

lui fasse payer les frais de la sommation, il est donc juste
que son refus ou son retard l'ait rendue nécessaire.

Nous devons examiner si on peut appliquer aux branches
la prescription et la destination du père de famille, que
nous avons appliquées à l'arbre lui-même.

Un propriétaire a laissé pendant trente ans les branches
du voisin sur son fonds; peut-il, après ce temps, en réclamer l'élagage?

Nous le pensons, parce que, pour admettre une prescription, il faut qu'il soit possible de constater le point précis
de son départ; c'est impossible dans l'espèce, puisque l'accroissement des branches est insensible; c'est d'ailleurs un
acte de tolérance de le part du propriétaire du fonds sur
lequel s'étendent les branches, et on ne peut induire de son
silence la perte du droit que lui confère l'article 672 C. N. (1).

Quand le voisin a le droit de faire arracher l'arbre, il est
évident qu'il a, *à fortiori*, le droit de le faire élaguer. Mais,
s'il a perdu, par un mode quelconque, le droit de le faire
arracher, peut-il encore en réclamer l'élagage?

Nous le croyons également; la perte d'un droit ne doit
pas entraîner la perte de l'autre; le fait que le voisin ne
peut plus demander l'abatage des arbres ne saurait entraîner cette conséquence qu'il est obligé de tolérer les
branches sur son héritage; mais nous serions disposé à
adopter une restriction que la raison justifie, et qui vient
d'être présentée dernièrement par un éminent professeur :
ce serait de calculer la distance à partir du tronc de l'arbre,
et non plus de la limite. Ainsi, « si l'arbre est planté à un
mètre de la limite des héritages, le propriétaire de l'arbre
pourrait conserver les branches qui s'avancent sur le fonds
voisin jusqu'à la distance d'un autre mètre; si l'arbre était

(1) Cass. 3 mars 1856. — Douai, 3 juillet 1856.

planté sur la limite séparative, le propriétaire ne serait tenu
d'élaguer que les branches qui dépasseraient, sur le sol du
voisin, la distance de deux mètres..... La prescription ne
conférerait plus qu'un droit illusoire, si le voisin était autorisé à couper les racines et à faire élaguer les branches dès
qu'elles dépasseraient la ligne séparative des héritages. »

La destination du père de famille fait-elle obstacle à ce
que le propriétaire voisin fasse couper les branches qui
avancent sur son terrain? On pourrait l'invoquer si, au
moment de la séparation des héritages, les branches s'étendaient sur le fonds voisin et constituaient une possession
constante qu'un des propriétaires eût intérêt à maintenir.
Il paraîtrait résulter du contrat qui a séparé les héritages
qu'on n'a pas entendu forcer le propriétaire des arbres à les
élaguer; mais, en général, la jurisprudence décide que la
destination du père de famille ne saurait empêcher une
demande en élagage, parce que, dans la pensée du père de
famille, les arbres n'étaient pas destinés à projeter leurs
branches sur le fonds contigu (1).

Si le maître de l'arbre ne veut pas couper ces branches,
nous avons vu que le droit pouvait passer au propriétaire
voisin. Si celui-ci les fait couper, à qui appartiendront les
branches, dans cette hypothèse? Des auteurs attribuent le
bois à celui qui a été autorisé à le couper; ils s'appuient sur
un ancien arrêt du 3 mai 1578. Nous croyons, au contraire,
que le bois continue d'appartenir au maître de l'arbre. Les
tribunaux autorisent le voisin à couper ces branches, mais
ils ne peuvent l'autoriser à s'approprier le bien d'autrui.
Le jugement pourra l'autoriser à faire vendre ce bois, et à
prendre sur le prix de la vente ce qui sera nécessaire pour
payer les ouvriers, d'après leurs quittances; mais il faudra,

(1) Cass. 16 juillet 1835 ; Bastia, 3 mars 1856.

pour en agir ainsi, que les juges l'aient formellement ordonné; sinon, celui qui a fait couper l'arbre n'aurait que
les moyens ordinaires pour se faire payer du prix de
l'ouvrage. Il ne serait pas juste de lui donner le bois
abattu: ou il serait supérieur au prix de la main-d'œuvre :
ce serait une perte pour le propriétaire de l'arbre; ou il
serait inférieur : alors ce serait le propriétaire voisin qui
éprouverait un préjudice.

§ III.

Des racines.

Le propriétaire dans l'héritage duquel s'étendent les
racines peut lui-même les arracher; l'article 672 ne fait
pas, comme le droit romain, la distinction de celles qui
s'étendent dans un champ ou sous une maison. Si les
racines avaient causé quelques dégradations aux fondations
d'un bâtiment, le propriétaire de l'arbre serait tenu de les
réparer. Nous pensons toutefois que, si le voisin avait
connu l'existence de ces racines dans son fonds, il devrait
s'imputer sa négligence de ne pas les avoir coupées; il
aurait ainsi perdu le droit de se plaindre du préjudice
qu'elles lui auraient causé.

Le droit qu'a le voisin de couper les racines est imprescriptible. Dans ce cas, la possession n'est pas publique; si
le voisin ne les coupe pas, c'est une simple tolérance de sa
part : il est maître de faire ce qu'il veut chez lui. Mais, lorsque le maître de l'arbre a prescrit le droit de le conserver à
une distance moindre, le propriétaire du sol ne doit-il pas
effectuer l'extraction de ces racines de manière qu'un intervalle égal à cette distance reste toujours intact entre le pied
des arbres et l'endroit où il commence à les extirper? Le

maître de l'arbre peut bien dire qu'en prescrivant le droit
d'avoir ces arbres en deçà de la limite légale, le voisin est
censé avoir voulu les respecter à cette distance ; s'il coupe les
racines, l'arbre peut mourir, et la prescription ne lui aura
pas servi. Nous avons admis une restriction analogue pour
les branches ; nous croyons qu'on peut l'admettre pour les
racines ; sans cela, la prescription serait un mot illusoire.

Si l'arbre produisait des rejetons sur le terrain formant
l'intervalle exigé par la loi , le voisin aurait le droit de les
faire arracher. Le motif qui a poussé le législateur à fixer
une distance trouverait ici son application ; ces rejetons
pourraient nuire à la culture du voisin. Mais ce dernier
n'aurait pas le droit de les couper lui-même ; ils ne sont pas
sur son terrain ; son droit se réduit à une action. S'ils
avaient poussé sur le terrain du voisin, celui-ci, d'après
Paillet (*Dict. univ.*, v° arbre, p. 460), aurait le droit de les
arracher ; le bois serait censé être sa propriété, et il pourrait s'en emparer sans autre formalité. Un arrêt du 15
juillet 1762 l'avait ainsi décidé (1). C'est le terrain du voisin
qui les a nourris, et le propriétaire de l'arbre sur les
racines duquel ces rejetons ont poussé n'aurait même pas
le droit de s'introduire sur le terrain du voisin pour les y
couper.

§ IV.

Des fruits.

Nous avons examiné, en droit romain et dans notre ancienne jurisprudence, la question de la propriété des fruits.
Notre Code ne contient point de dispositions sur ce sujet ;

(1) Denizart, v° haie.

peut-être cette matière a-t-elle été réservée au Code rural ;
il serait à désirer qu'une disposition législative vînt tran-
cher les différents systèmes des auteurs, dont nous allons
essayer de donner un aperçu rapide.

MM. Fournel (1), Lepage (2) enseignent que les règlements locaux ont été conservés sur cette matière par le
Code Nap., et qu'il n'y a plus lieu, dès lors, qu'à s'y référer.

MM. Pardessus (3), Favart de Langlade (4) enseignent
que les statuts locaux sont abolis par la loi du 30 ventôse
an XII, art. 9, ou bien par l'art. 546 Code Nap.

M. Fournel attribue les fruits en entier à celui sur le
fonds duquel ils tombent, parce que le maître de l'arbre
n'a pas le droit de s'introduire dans son fonds, et, en second
lieu, parce qu'il ne convient pas de laisser entre les voisins
un prétexte continuel de querelles pour un intérêt mo-
dique.

M. Lepage les accorde au maître de l'arbre, pourvu qu'il
vienne les réclamer dans les trois jours; après ce délai, le
maître du sol est autorisé à faire enlever ce fruit, non pas
qu'il lui appartienne, mais parce qu'il se gâterait et qu'il est
censé abandonné. Cette opinion est aussi celle de MM. Pardessus, Toullier, Favart, Delvincourt. Ce dernier auteur
distingue, cependant, si le fonds voisin est clos ou ne l'est
pas; il n'accorde pas au maître de l'arbre la faculté
d'y aller dans le premier cas, et la lui accorde dans le
deuxième.

Mais que deviennent les fruits, dans le système de ceux qui
refusent au maître de l'arbre le droit d'entrer sur le fonds

(1) Lois rurales, t. 1, p. 233.
(2) Lois des bâtiments, t. 1, p. 233.
(3) Serv., n° 196.
(4) Rep. serv., sect. 2, § 5.

voisin ? M. Duranton prétend que, lorsqu'ils sont tombés, le voisin peut les prendre comme chose abandonnée, en indemnité du tort que lui cause l'ombrage des branches, et qu'il ne serait même tenu à aucune restitution, dans le cas où le maître de l'arbre lui aurait défendu de les ramasser ; quant aux fruits qui pendent encore aux branches, c'est au maître de l'arbre à les cueillir de chez lui comme il le pourra.

D'autres auteurs prétendent que le maître de l'arbre a une action en restitution contre le voisin qui aurait cueilli ou ramassé les fruits pour en faire son profit.

Ce droit de passer sur le fonds voisin pour aller cueillir ou ramasser les fruits peut être quelquefois très-pénible pour le propriétaire du fonds: ainsi, en Corse, la récolte des olives se prolonge pendant 5 ou 6 mois ; on comprend le motif qui a fait décider la Cour de Bastia (3 mars 1856) à refuser ce droit de passage. Cette décision s'appuie encore sur le principe de l'inviolabilité de la propriété : chacun est le maître chez soi ; si on souffre des branches sur sa propriété, il ne s'ensuit pas qu'on doive y tolérer la présence d'un tiers, présence qui peut vous être beaucoup plus incommode.

Cependant nous penchons vers l'opinion contraire ; en général, les récoltes de fruits dont les branches s'avancent sur l'héritage voisin ne sont pas aussi longues qu'en Corse. Bien que certains auteurs refusent le passage au maître de l'arbre, ils concèdent cependant que les fruits lui appartiennent toujours, et que le propriétaire du sol doit les enlever pour les lui faire remettre ; n'est-il pas plus simple alors de permettre au maître de l'arbre de venir lui-même les chercher ? Il est bien entendu que s'il commet quelque dégât sur la propriété de son voisin, il devra lui en tenir compte et lui payer une indemnité. *Si damni infecti carere*, disait la loi romaine. (L. 9, § 1, D. *ad exhib.*)

En effet, ou le voisin a perdu le droit de faire couper les branches, par exemple par un titre, ou par la prescription si l'on admet le système de certains auteurs ; alors la présence de ces branches sur son terrain entraînera, comme conséquence, la faculté pour le maître de l'arbre d'aller y ramasser les fruits (arg. de l'art. 696 C. N.) ;

Ou il a encore le droit de les couper, et alors il a tacitement consenti, en tolérant l'extension de ces branches, soit à remettre les fruits à leur propriétaire, soit à le laisser venir dans son fonds pour les y chercher lui-même. On élude ainsi l'argument qui consiste à dire qu'une servitude de passage est due, en matière de voisinage, toutes les fois qu'il y a nécessité. On ne trouve ici aucun texte duquel on puisse induire l'existence d'une pareille servitude. Cette opinion nous paraît conforme aux bonnes relations que doit faire naître le voisinage ; mais il est à remarquer ici que cette question ne se présentera que lorsque les deux voisins vivront en mauvaise intelligence, et alors le droit, et non la tolérance, doit dicter les règles à suivre.

Nous croyons cependant que l'inaction du voisin à souffrir la présence des branches sur son fonds peut autoriser à dire qu'il a consenti par là ce que le maître de l'arbre vînt chercher lui-même ses fruits.

CHAPITRE III.

DE LA PROPRIÉTÉ DES ARBRES.

SECTION PREMIERE.

Des arbres limitrophes, des arbres mitoyens, des arbres-bornes.

§ Ier.

Des arbres limitrophes.

L'arbre appartient au propriétaire du terrain dans lequel il a été planté. Mais si des arbres se trouvent près de l'héritage voisin, si on a acquis le droit de les maintenir à cette position, à quel propriétaire appartiendront-ils ?

Le Code Napoléon ne fixe point de règles sur ce sujet; le droit romain en attribuait la propriété à celui dans l'héritage duquel se trouvaient les racines; notre ancienne jurisprudence attribuait l'arbre à celui dans le fonds duquel se trouvait le principal tronc. Les auteurs modernes paraissent adopter cette dernière règle; il faut pour cela que l'arbre soit sur la limite d'une seule propriété, et que de plus le propriétaire justifie qu'il a le droit de posséder ainsi un arbre sans être tenu d'observer la distance légale; s'il était sur la limite de deux fonds, il serait réputé commun. Il importe donc de distinguer les deux situations : celui à qui appartient l'arbre placé près de la limite d'un héritage sera censé propriétaire de tout le terrain nécessaire à sa végétation; on suppose qu'il a acquis le droit de conserver

cet arbre à cette distance. La Cour de Colmar dit qu'il y a
présomption *légale* que celui qui plante des arbres sur son
terrain a observé la distance prescrite par l'article 671 entre
ces arbres et les héritages voisins, et que, par suite, il est
propriétaire du terrain qui représente cette distance (1).
Un arrêt récent de la Cour de cassation, du 22 juin 1863,
a décidé qu'il n'y a là qu'une *simple* présomption, qui peut
tomber non-seulement devant la preuve contraire, mais
encore devant d'autres présomptions.

§ II.

Des arbres mitoyens.

Les arbres sont mitoyens lorsqu'ils sont plantés sur la
ligne même de démarcation des deux propriétés. Ils sont
également mitoyens s'ils sont dans une haie mitoyenne
(art. 673). L'état d'indivision résulte, en général, de la mitoyenneté. L'article 673 paraît présenter comme une des
conséquences de cette mitoyenneté la faculté pour chacun
des deux propriétaires de requérir l'abatage des arbres ;
c'est là, au contraire, une exception au principe ; mais elle
se justifie aisément : les arbres peuvent, en effet, être dom-
mageables pour l'une ou l'autre des propriétés ; ils peuvent
être une source de difficultés entre les voisins, relativement
à l'émondage des branches ou à la récolte des fruits ; pour
prévenir ces deux inconvénients, il était assez naturel de
permettre à un des voisins de faire abattre l'arbre situé
dans la haie. Si l'arbre était abattu ou renversé, il ne pourrait être remplacé que par suite du consentement mutuel
des deux propriétaires ; il en est évidemment ainsi, puisque
l'article 673 permet à un seul de le faire abattre

(1) 6 avril 1842, Colmar.

Ce droit de faire abattre l'arbre est imprescriptible, alors même que l'arbre existerait depuis plus de 30 ans. La prescription ne court pas entre personnes qui jouissent en commun et qui trouvent leur avantage à jouir de cette manière ; elle ne pourrait, dans tous les cas, courir qu'à partir du moment où l'un eût joui séparément et comme propriétaire exclusif de l'arbre. Et cette jouissance devrait s'appliquer à la haie aussi bien qu'aux arbres ; il serait difficile de reconnaître une possession exclusive d'un arbre, quand la haie est mitoyenne (1).

La destination du père de famille ne pourrait faire obstacle à ce droit d'abatage ; l'arbre existait dans la haie lorsque deux fonds réunis dans la même main ont été séparés ; par suite de cette séparation, la haie devient mitoyenne. On ne saurait invoquer ici la destination du père de famille : on comprend qu'elle puisse autoriser à conserver un arbre qui n'est pas planté à la distance légale du fonds voisin, qu'elle puisse servir à l'acquisition d'une servitude ; mais elle ne peut être d'aucune utilité dans notre hypothèse.

L'abatage de l'arbre mitoyen se fait à frais communs, et l'arbre abattu est partagé entre les propriétaires. Il en serait de même des fruits : un seul voisin ne peut les cueillir sans le consentement de l'autre, ou au moins sans faire ordonner que ce sera à frais et profits communs ; s'il les recueillait seul, l'autre aurait le droit de l'actionner en restitution de sa part. Telle était la décision que donnaient Chopin et Boucher dans notre ancienne jurisprudence (2), et qui paraît encore admissible de nos jours.

Mais dans quelle part se fera ce partage des fruits, des branches, des feuilles, quand l'arbre est debout ; de l'arbre

(1) Duvergier sur Toullier, t. 2, p. 223, not. 1.
(2) De priv. rust., lib. 2, p. 1, cap. 11, n° 1. — Code rural, t. 1, p. 92.

lui-même, quand il est renversé ? Doit-il se faire par moitié ?
Il arrive souvent que l'arbre soit plus d'un côté que de
l'autre; la répartition doit-elle avoir lieu dans la même proportion ?

Quand il n'y a pas de terrain mitoyen, l'arbre n'est commun qu'en proportion de la partie du tronc qui se trouve
dans le terrain de chacun : on peut être ainsi propriétaire
du quart, ou du tiers, ou de la moitié de cet arbre. Des auteurs veulent appliquer la même solution quand l'arbre se
trouve dans la haie mitoyenne : la haie, disent-ils, appartient, *pro diviso*, *pro regione*, divisément à chacun ; on est
propriétaire de la partie qui est de son côté ; par suite, on
ne doit avoir que la partie correspondante dans les fruits et
dans le bois (1).

Quand l'arbre se trouve dans un terrain mitoyen, par
exemple dans une haie, l'arbre, aux termes de l'art. 673,
est mitoyen comme la haie ; le partage doit s'en faire dans
la proportion des droits de chacun sur la haie. Or la haie
n'appartient pas, *pro diviso*, à chacun des propriétaires ; elle
leur appartient en commun *pro indiviso* ; le bois, les fruits,
devront donc se partager par moitié entre eux. Un propriétaire n'est pas fondé à venir argumenter de la présence
du plus ou du moins de branches qui s'avancent sur son
terrain, et qui peuvent lui nuire, puisque l'art. 673 lui permet de faire couper l'arbre entier. Cette décision résulte du
texte de l'art. 673, et doit être préférée à la première (2).

(1) Duranton, § 379, t. 5 ; Toullier.
(2) Marcadé.

Des arbres-bornes.

Nous avons dit, en droit romain, qu'on avait l'habitude de marquer les confins de deux héritages par des bornes, et souvent par des arbres : si on avait échancré l'arbre du côté du voisin, c'était la preuve que l'arbre n'appartenait qu'à un des propriétaires ; s'il était échancré au milieu, c'était la preuve que l'arbre était commun. On ne fait plus aujourd'hui cette distinction : s'il existe, marqué ou non, sur la ligne de démarcation des deux propriétés contiguës, il est mitoyen ; mais il faut de plus, pour qu'il soit réputé être arbre-borne, qu'il ait été planté, ou tout au moins reconnu comme tel, par les deux propriétaires voisins. L'intention des parties pourra résulter de titres, de procès-verbaux, ou même de la prescription. Si ce sont des arbres fruitiers, chacun des voisins cueille les fruits des branches qui sont de leur côté et au-dessus de leur héritage ; ni l'un ni l'autre ne peut couper les racines de ces arbres, ni faire quoi que ce soit de son côté qui y puisse causer du dommage : telle est la règle que nous donne Desgodets (*L. des Bâtim.*, p. 346). Mais son annotateur Goupy remarque, avec raison, qu'il serait plus juste de cueillir en commun le fruit de ces arbres, que de cueillir ceux des branches qui se trouvent au-dessus de chacun des deux héritages que ces arbres séparent, parce qu'il pourrait arriver que la sève se portât plus facilement d'un côté que de l'autre par l'exposition au soleil, quoique ces arbres tirassent leurs sucs et nourritures d'une terre mitoyenne.

La possession trentenaire des arbres suffirait pour en attribuer la propriété au possesseur, quand même on prouverait, par un ancien titre, que l'arbre a été planté à frais communs pour servir de bornes. Mais tous les auteurs s'accordent à dire que la prescription de ces arbres ne donnerait pas la propriété du terrain qui sépare les arbres entre eux, à moins que ce terrain n'eût été lui-même l'objet de la possession ; sans cela, il resterait mitoyen.

Une question plus délicate est celle de savoir si l'article 673 Code Nap. est applicable aux arbres-bornes, si un propriétaire peut contraindre son voisin à les arracher. La négative pourrait paraître rigoureuse : en général, dit-on, on ne doit pas pouvoir souffrir du voisinage des arbres, pas plus de ceux qui servent de limites que des autres ; la loi n'a pas distingué. Sans doute on n'a pas le droit d'arracher les bornes; mais l'article 456 Code pénal ne s'oppose pas à ce que les bornes nuisibles soient remplacées par d'autres qui ne le soient pas, par exemple par des pierres. On ne contreviendra pas par ce remplacement à l'obligation que les deux voisins ont contractée de respecter les bornes. Ce remplacement a enfin cet avantage d'éviter les frais de culture et d'entretien que peuvent nécessiter les arbres; et il est juste, puisque le nouveau bornage sera fait dans l'intérêt des deux parties, de leur en faire supporter les frais par moitié (1).

Malgré ces raisons, nous pensons que l'article 673 ne s'applique pas aux arbres qui servent de bornes. Sans doute l'arbre pourra être nuisible ; mais, dès qu'il a reçu de l'intention commune des deux parties le caractère qu'il possède, on ne peut plus être autorisé à le remplacer par une pierre. L'intention des parties fait la loi, et tous les arguments de la doctrine contraire viennent se briser contre ce principe de l'article 1134. Les parties ont pu prévoir les

(1) Lepage, *Lois des bâtim.*, t. 1, p. 231.

conséquences de leurs engagements ; elles ne s'y sont pas
arrêtées: leur volonté commune doit être respectée; l'arbre
ne pourra plus être arraché que de leur consentement
mutuel. Que si, au contraire, l'arbre a été reconnu comme
arbre servant de borne par l'effet de la prescription, le voisin qui demande l'arrachement n'est pas fondé à se plaindre d'un dommage qu'il a souffert pendant 30 ans, ou qu'il
aurait pu tout au moins prévoir pendant ce temps. C'est
donc l'article 456 du Code pénal , et non l'article 673 Code
Nap., qui doit ici recevoir son application (1).

Il faut soigneusement distinguer l'arbre limitrophe ou
indicatif de la limite, d'avec l'arbre-borne.

Cette distinction n'est pas seulement théorique , elle est
importante dans la pratique; et la Cour de cassation décide
qu'un propriétaire est fondé à intenter une action en bornage , malgré l'existence d'un arbre qui indique la limite (2). Elle dit qu'en vertu de l'article 646 Code Nap. , les
propriétaires peuvent obliger leurs voisins au bornage de
leurs propriétés contiguës, dans tous les cas sans exception,
*toutes les fois qu'il n'existe pas de bornes ayant un caractère
usité.* Quelques-uns en ont conclu que l'existence d'arbres-
bornes n'était pas suffisante pour faire repousser l'action en
bornage. La Cour d'Amiens avait jugé qu'un arbre qui avait
toujours servi de délimitation entre les parties avait le caractère d'arbre-borne, et que, par suite, l'action en bornage
qu'intentait le voisin était non recevable. La Cour de cassation, au contraire, a soigneusement distingué la *délimitation* du *bornage.* Ainsi donc, si un arbre n'a pas reçu ou
n'a pas acquis le caractère d'arbre-borne, le voisin est fondé
à intenter une action en bornage , alors même que l'arbre

(1) Pardessus, n° 189.
(2) Arrêt 30 déc. 1818.

eût servi à indiquer la limite. L'article 456 du Code pénal est trop formel pour permettre le doute. Il assimile aux ornes ordinaires les *arbres plantés ou reconnus pour établir les limites*, puisqu'il inflige à ceux qui arrachent ces arbres les mêmes peines qu'à ceux qui suppriment les bornes. L'arbre limitrophe est planté sur le point extrême de l'une des propriétés contiguës; l'arbre-borne est, au contraire, planté sur la ligne même de démarcation des deux héritages, de manière à reposer sur les deux. Ce dernier est mitoyen, et le premier ne l'est pas : voilà les différences qui les caractérisent.

Nous devons, pour terminer cette section, dire quelques mots des arbres situés dans les fossés.

L'arbre appartient au propriétaire du fossé, il en est l'accessoire; mais que déciderait-on si un autre que le propriétaire avait possédé ces arbres, même pendant plusieurs années, et s'il avait manifesté sa possession par l'élagage des arbres? Si la propriété du sol emporte la propriété du dessus, ne peut-on pas dire qu'il n'y a là qu'une présomption qui doit céder devant la preuve contraire? L'article 553 Code Nap. fournit un argument : toutes constructions, *plantations* et ouvrages sur un terrain ou dans l'intérieur, sont présumés faits par le propriétaire à ses frais et lui appartenir, *si le contraire n'est prouvé*. Ne peut-on donc pas dire que la règle de l'article 552 n'est pas absolue, et que la possession de la superficie est distincte de celle du fonds?

La Cour de cassation, dans un arrêt du 9 mai 1836, a repoussé ce raisonnement. Sans doute il peut se trouver des cas où la propriété de la superficie soit distincte de celle du sol ; mais il faut une autre condition : il faut que le tiers prouve avoir lui-même planté les arbres, pour que l'article 553 soit applicable. L'élagage qu'un tiers aurait fait des branches ne saurait constituer qu'une jouissance à titre précaire; c'est un droit de tolérance qui ne peut constituer pour ce tiers un droit de possession légale.

Si l'arbre se trouvait dans un fossé qui sépare deux héritages, serait-il mitoyen ? L'arbre ne serait pas mitoyen de plein droit, surtout si le fossé appartenait en entier à un des propriétaires, et si celui qui réclame la mitoyenneté ne prouvait pas que l'arbre a une partie de son tronc sur son propre terrain.

SECTION II.

Des droits et obligations du propriétaire.

Le propriétaire d'un arbre peut disposer à sa volonté de tout ce qu'il produit, des fruits, feuilles, etc., et jouir de l'arbre comme du terrain dans lequel il est planté. Il peut ainsi jouir de son arbre, alors même qu'il pourrait occasionner au voisin quelque préjudice, si l'arbre, par exemple, empêchait le vent de faire tourner un moulin. Cette solution, admise dans l'ancienne jurisprudence, doit être encore donnée de nos jours. Il est vrai que les commissions consultées sur le projet de Code rural en 1810 avaient émis le vœu de voir le législateur consacrer cette restriction au droit de propriété : elle peut s'appuyer sur l'intérêt qu'on a de favoriser, dans certains pays, ces usines ; mais on ne peut, en l'absence d'un texte formel, consacrer aujourd'hui l'existence d'une pareille restriction aux droits du propriétaire.

Le voisinage des routes, des chemins publics a fait introduire d'autres restrictions ; nous en parlerons plus tard ; nous ne devons nous occuper ici que des arbres plantés sur une propriété privée et indépendante des chemins et des routes.

Le propriétaire, comme tout individu qui fait valoir ses terres ou celles d'autrui est tenu d'écheniller.

Nous avons déjà mentionné l'arrêt du 4 février 1732, l'ordonnance de l'intendant de Paris du 2 mars 1738.

La loi du 26 ventôse an IV (16 mars 1796) est venue réglementer cette matière : Dans les dix jours de la publication de cette loi, les propriétaires ou fermiers ou autres faisant valoir sont tenus d'écheniller et de brûler les bourses, à peine d'une amende qui ne pourra être moindre de trois journées de travail et plus forte de dix. Si les propriétaires, etc., n'ont pas obéi à l'injonction (car cette loi doit être publiée le 1er de chaque année, à la diligence des agents des communes; art. 8), les agents y feront procéder, aux dépens de ceux qui l'auront négligé, par des ouvriers qu'ils choisiront (art. 7). L'exécutoire des dépenses leur sera délivré par le juge de paix, sur les quittances des ouvriers, contre ces propriétaires ou autres faisant valoir, et sans que ce payement puisse les dispenser de l'amende.

L'art. 471, § 8, Code pénal, reproduit cette obligation : Seront punis d'amende, depuis 1 fr. jusqu'à 5 fr. inclusivement, ceux qui auront négligé d'écheniller... Cette peine sera prononcée par le tribunal de simple police ; sous l'empire de la loi de ventôse de l'an IV, elle l'était par le tribunal de police correctionnel.

Il faut remarquer que cette obligation est une charge de la jouissance, et non de la propriété ; elle est imposée seulement pour les arbres épars, et non pour les bois. (Circ. du Min. des finances, 11 avril 1821.)

Les gendarmes peuvent entrer sur les propriétés même closes, sans l'assistance d'un officier de police judiciaire, pour constater les contraventions, toutes les fois que le propriétaire ne s'y oppose pas; mais, dans tous les cas, leurs procès-verbaux ne font foi que jusqu'à preuve contraire. L'art. 179

10

de l'ordonnance royale du 29 octobre 1820 (portant règlement pour le service de la gendarmerie) met dans la mission des simples gendarmes l'obligation de dénoncer à l'autorité locale ceux qui, dans les temps prescrits, auraient négligé d'écheniller. La Cour de cassation reconnaît que l'art. 16 du C. I. crim. ne s'applique pas aux gendarmes dressant des rapports en matière d'échenillage (1).

Il résulte de l'art. 8 de la loi de ventôse an IV que les maires sont obligés de publier cette loi avant le 20 janvier de chaque année; ils sont responsables en cas de négligence. Les habitants doivent faire procéder à l'échenillage avant le 20 février (1er ventôse). Cette règle peut varier, s'il existe des règlements particuliers dont parle l'art. 471 C. P., et que la Cour de cassation reconnaît aux maires le pouvoir de faire. Dans certaines parties de la France, le terme est reporté au 15 mars. (Cass. 21 mai 1829.)

Faut-il dire que les habitants ne seraient pas en contravention, si la loi n'avait pas été publiée? Nous le croyons; cette publicité est pour eux comme une mise en demeure; alors seulement le maire peut verbaliser; son procès-verbal doit être envoyé, dans les trois jours, au commissaire de police, qui remplit les fonctions de ministère public près le tribunal de simple police.

SECTION III.

Des exceptions à la règle que l'arbre appartient au propriétaire du terrain dans lequel il a été planté.

Nous devons parler dans cette section: 1° des arbres plantés par un propriétaire dans le fonds d'autrui, ou, réciproque-

(1) Arrêt C. cass., 19 juillet 1838.

ment, des arbres appartenant à autrui plantés dans son propre fonds; 2° des arbres plantés par un fermier ; 3° des arbres des pépinières.

§ Ier.

Cas où le propriétaire du sol plante dans son terrain un arbre appartenant à autrui.

I.—Le droit romain l'attribuait au propriétaire du sol dès qu'il avait pris racine. Toullier enseigne encore cette opinion, d'autant mieux, dit-il, « que le goût des plantes exotiques et rares est devenu une passion, et qu'il y a des plantes qui, à raison de leur rareté, ont un prix d'affection que ne peuvent partager les experts, et qu'il serait injuste de sacrifier. »

L'art. 554 C. N. ne parle pas de cette condition ; il suffit que le propriétaire du sol ait fait les plantations, pour que le maître des arbres n'ait pas le droit de les enlever. Il sera souvent très-difficile de reconnaître l'instant précis où l'arbre reprend racine. A quels signes le verra-t-on ? Faudra-t-il, pour le constater, le déraciner de nouveau, renouveler encore les chances de son dépérissement ? Qu'importe qu'il s'agisse d'arbres exotiques ? Doit-on sacrifier l'intérêt de la pratique à l'exagération puérile de ces amateurs d'horticulture ? Le maître de l'arbre, d'ailleurs, ne peut éprouver de perte réelle; il est indemnisé de la valeur de la plante qui lui est enlevée ; il peut même obtenir des dommages-intérêts s'il y a lieu. L'article 554 est trop formel pour qu'on puisse induire de ses termes une pareille distinction.

Si c'était un constructeur qui avait bâti sur son fonds avec les matériaux d'autrui, et si les matériaux venaient à être détachés du sol avant que le propriétaire n'en eût reçu la valeur, on demande s'il pourrait encore les revendiquer ? La question est controversée ; nous n'avons ici qu'à envisager la question analogue pour les arbres plantés. Le propriétaire de ces arbres n'aurait pas le droit de les revendiquer après leur séparation du sol ; ces arbres ont fait plus que d'adhérer au sol, ils s'y sont transformés, et il est vrai de dire, après un certain temps, que ce ne sont plus les mêmes arbres ; il y a plutôt identification qu'accession.

L'article 554 s'appliquera au possesseur de bonne foi comme de mauvaise foi. Le planteur pourra être de bonne foi, lorsqu'il aura en sa possession une plante perdue ou qu'il l'aura achetée d'un voleur. Il ne sera condamné qu'à payer la valeur des plantations, sans dommages-intérêts ; on lui fera payer des dommages-intérêts, au contraire, s'il était de mauvaise foi.

.II.—*Des arbres plantés par un tiers sur le terrain d'un autre.* — Ici, c'est un tiers propriétaire d'un arbre qui le plante dans le terrain d'autrui. Est-il de mauvaise foi ? le propriétaire du fonds a le droit de retenir les plantations, ou d'obliger ce tiers à les enlever. Le propriétaire du sol demande-t-il la suppression ? elle est aux frais de celui qui a planté, sans indemnité pour lui ; il peut même être condamné à des dommages-intérêts, s'il y a lieu, pour le préjudice que peut avoir éprouvé le propriétaire du fonds.

Ce dernier préfère-t-il les conserver ? il doit le remboursement de la valeur des matériaux et du prix de la main-d'œuvre, parce que personne ne doit s'enrichir au détriment d'autrui. Mais il ne doit pas compte de l'augmentation de valeur que sa propriété a pu recevoir de ses plantations, parce que celui qui les a faites doit s'imputer d'avoir planté témérairement sur un fonds qu'il savait bien n'être pas à lui. Réciproquement, le propriétaire du fonds ne peut imputer sur la valeur des plantations qu'il conserve le moins de valeur qui a pu en résulter pour sa propriété.

Le planteur était-il de bonne foi? était-il, comme dit l'article 555, *un tiers évincé qui n'aurait pas été condamné à la restitution des fruits, attendu sa bonne foi?* le propriétaire du fonds ne peut plus alors demander la suppression. Il a le choix ou de rembourser la valeur des plantations et du prix de la main-d'œuvre, ou de rembourser une somme égale à celle dont le fonds a augmenté de valeur.

Voilà la théorie de l'art. 555 du Code Nap. Nous n'avons pas ici à en faire la critique, ni à examiner les nombreuses difficultés que son application fait naître à propos des constructions; cette étude nous entraînerait plus loin que la nature de ce travail ne le comporte; nous devons seulement examiner quelques dispositions relatives aux plantations.

Le remboursement à effectuer par le propriétaire est-il de la valeur des plantations à l'époque de leur origine ou à l'époque à laquelle le remboursement a lieu? Dans le cas du possesseur de bonne foi, si le propriétaire rembourse la plus-value du fonds, n'est-il pas évident que c'est la valeur des arbres au moment de l'éviction qu'il faut prendre? Cette valeur rentre en effet tout naturellement dans l'estimation de la plus-value du fonds. Puisque la loi décide ainsi dans la deuxième alternative, il faut prendre une valeur égale pour la première, et dire que c'est encore la valeur au moment de l'éviction.

Mais on ne pourra suivre le même mode de calcul pour un tiers de mauvaise foi; ne serait-ce pas là un moyen indirect de faire payer au propriétaire du sol une partie de la plus-value de son fonds? Or la loi ne veut pas tenir compte de cette plus-value; on prendra donc pour base de l'estimation la valeur des arbres au moment de la plantation. Le

planteur est de mauvaise foi, qu'il en subisse toutes les conséquences !

L'article 555 donne au propriétaire du sol le droit de revendiquer les arbres qui s'y trouvent plantés; ce propriétaire triompherait dans ses prétentions, quand même le
tiers qui les a plantés alléguerait qu'il les a possédés. Cette
possession des arbres est déclarée inefficace contre la possession du sol *animo domini;* si donc le planteur offrait de
prouver qu'il a même possédé le sol à titre de propriétaire,
cette preuve devrait être admise comme très-pertinente,
puisque la possession du sol peut être indépendante de la
possession des arbres (1).

Le tiers planteur peut faire sur les arbres des actes de
possession tels, que le maître du sol ne serait pas fondé à
les venir réclamer dans la suite, s'il les avait soufferts. Si le
tiers les a vendus, abattus et enlevés, et si le propriétaire
du sol ne s'y est pas opposé, s'il n'y a pas fraude de la part
du tiers, le propriétaire du terrain n'est plus fondé à venir
les revendiquer ni en réclamer la valeur; on lui permettra
seulement de demander des dommages-intérêts pour la
privation de jouissance du sol sur lequel existaient les plantations (2).

§ II.

*Le fermier peut-il enlever les arbres qu'il a plantés sur le
terrain affermé; en d'autres termes, l'art. 555 lui est-il
applicable ?*

La deuxième partie de l'article 555 suppose un *tiers évincé;*
on pourrait dire qu'il ne s'agit également, dans la première

(1) Cass. 11 juin 1839.
(2) Douai, 18 mars 1842.

partie, que d'un tiers évincé possédant *animo domini*. Le fermier se trouverait ainsi exclu, car il a eu qualité pour jouir temporairement et pour posséder l'immeuble. Nous pensons plutôt que la première partie de l'art. 555 parle d'un tiers, en général, placé en présence du propriétaire d'un fonds ; ce mot *tiers* comprendra ainsi le fermier, qu'on doit regarder comme un possesseur de mauvaise foi, puisqu'il ne possède pas en vertu d'un titre translatif de propriété. Mais le fermier est-il obligé d'abandonner ses plantations sans indemnité? L'art. 1730 Code Nap. porte que le preneur doit rendre la chose telle qu'il l'a reçue ; et on ne peut appliquer au fermier l'art. 599, relatif à l'usufruitier ; l'art. 599 contient une disposition sévère qui ne doit pas être étendue hors de l'espèce qu'il régit. Le fermier reprendra ses améliorations, pourvu que l'enlèvement ne cause aucun préjudice à la chose ; d'où il résulte que si le propriétaire veut garder les plantations, il doit indemniser le fermier. Notre ancienne jurisprudence avait toujours admis cette conséquence : tel était l'avis de Brillon, de Chailland (dans le *Dict. des eaux et forêts*), de Guyot et autres que nous avons cités.

C'est ce qui résulte encore d'un arrêt de la Cour de cassation du 1er juillet 1851 : « Lorsque des constructions ont été faites par le preneur sur la chose louée, le propriétaire est tenu, à l'expiration du bail, ou de les laisser enlever, sauf l'indemnité qui pourrait lui être due à raison des travaux de rétablissement des lieux dans leur ancien état, ou de rembourser au preneur le prix des matériaux et de la main-d'œuvre. » On peut appliquer cette doctrine au cas où il s'agirait de plantations, et on peut dire que le propriétaire doit indemniser le fermier, s'il entend garder les arbres.

Il faut remarquer qu'il ne s'agit que de plantations qui

soient susceptibles d'enlèvement ; si le preneur avait fait des améliorations qu'il savait ne pouvoir être enlevées , on décide qu'elles profiteraient au propriétaire, sans indemnité (1). Le fermier aurait le droit d'enlever les arbres des pépinières; le propriétaire ne pourrait même pas le contraindre à les y laisser en lui en remboursant la valeur. Ces arbres n'ont pas été mis dans ces pépinières à perpétuelle demeure; le fonds ne les a, pour ainsi dire, reçus qu'en dépôt; les arbres, au contraire, qui sont plantés à demeure , se sont incorporés pour toujours au terrain ; le propriétaire pourra, sur ces derniers, exercer le choix que lui laisse l'article 555. Mais encore faut-il que ces plantations soient susceptibles d'être enlevées de manière que le fermier puisse, en rétablissant les lieux dans leur état primitif, reprendre les arbres qu'il a employés.

Il faudrait faire une exception pour le cas où les travaux auraient été exécutés par le fermier en exécution d'une clause portée dans le bail ou avec le consentement du propriétaire ; on devra observer la convention qui est intervenue entre les parties.

§ III.

l'épinières.

On décide généralement que les arbres des pépinières sont immeubles dans la main du propriétaire du sol, tant qu'ils ne sont pas arrachés. Si on adopte cette solution, ils ne feront pas exception à la règle générale posée dans la rubrique de cette section. Mais, « si les plants ont été arrachés de la terre qui les a produits et ont été transplantés dans

(1) Lepage.—Troplong, n° 356.—Duvergier, t. 1, n° 157.

. une autre pour y rester en dépôt, s'y nourrir et s'y fortifier jusqu'à ce qu'on les en arrache pour être vendus, ils conservent leur qualité de meubles qu'ils ont acquise lorsqu'ils ont été arrachés de la terre où ils sont nés, et ils ne sont pas censés faire partie de la terre où ils ont été transplantés, n'y ayant point été plantés à perpétuelle demeure et n'y étant que comme en dépôt jusqu'à ce qu'ils soient arrachés pour être vendus. » Telle était la restriction qu'apportait Pothier dans son Traité de la communauté, n° 34. Quelques auteurs n'adoptent cette modification que pour le cas où les plants ont été arrachés étant déjà très-avancés, et plantés dans la pépinière pour y rester en dépôt. S'ils y étaient placés pour s'y *fortifier*, ils seraient immeubles (1). D'autres auteurs pensent que les arbres des pépinières sont toujours immeubles, sinon par nature, au moins par destination. Nous pensons qu'il faut distinguer : les arbres venus de pépins, les arbres mis par le propriétaire pour s'y fortifier seront immeubles, tout aussi bien que les légumes semés, tant qu'ils ne sont pas coupés, et qui cependant ne sont pas dans le sol pour y rester à perpétuelle demeure. Si, au contraire, les arbres ont été enlevés du sol qui les a nourris, et si on les a mis momentanément dans la pépinière, ils seront meubles, parce qu'ils n'auront pas été attachés au fonds à perpétuelle demeure. Nous rangeons dans cette catégorie les arbres plantés par le fermier ; ils ne cesseront pas d'être sa propriété.

(1) Duranton, n° 44.

SECTION IV.

De ceux qui ne peuvent disposer de la propriété des grands arbres épars.

Nous avons à parler, dans cette section, des droits de l'usufruitier et du mari sur les arbres. Leurs droits varient suivant qu'ils portent sur des arbres de haute futaie, sur des bois taillis, sur des arbres arrachés. Nous allons d'abord examiner quels sont les droits de l'usufruitier.

§ Ier.

Droits de l'usufruitier sur les arbres épars.

L'usufruit porte-t-il sur un taillis? le droit de l'usufruitier se trouve réglé par l'article 590 Code Napoléon. Nous ne pourrions, sans sortir du cadre que nous nous sommes tracé, parler ici des droits de l'usufruitier sur les bois taillis et les futaies.

Nous dirons seulement que l'usufruitier pourrait s'emparer des chablis et des arbres de délit ou bois secs appartenant à la classe du taillis, et qui se trouvent morts dans les coupes qui ne sont pas encore en ordre d'être exploitées. Cette solution pourra peut-être fournir à l'usufruitier un moyen indirect de se procurer par des voies illicites un certain nombre d'arbres qu'il n'aurait pas eu le droit de couper; mais, la fraude ne se présumant pas, il convient de les laisser à l'usufruitier. On peut les considérer comme des fruits irréguliers des bois taillis; il n'y aurait rien de contraire, dans cette appropriation, à la bonne administration d'un père de famille.

Quel est le droit de l'usufruitier sur les baliveaux ? Ce sont des arbres de l'âge des taillis, réservés lors de la coupe, parce qu'ils étaient d'une plus belle venue que les autres ; on s'en sert pour obtenir de beaux arbres ou des semis pour repeupler le bois. A la première coupe du taillis, ils s'appellent baliveaux ; à la seconde, modernes ; à la troisième, anciens ; à la quatrième, haute futaie. Les art. 590 et 591 ne permettent à l'usufruitier que de prendre les bois soumis à un système régulier d'exploitation; or, les baliveaux et les anciens ne le sont pas. Si les précédents propriétaires avaient été dans l'usage d'exploiter les baliveaux, l'art. 590 pourrait le permettre implicitement à l'usufruitier ; mais, en règle générale, l'usufruitier n'a pas le droit de couper les baliveaux, pas plus que les peupliers ou les grands arbres épars, parce qu'ils ne sont pas aménagés.

Le nu-propriétaire aurait-il le droit d'abattre, pendant la durée de l'usufruit, les arbres de haute futaie qui ne sont pas aménagés ? Ces arbres peuvent être l'ornement du domaine ; il semble que le nu-propriétaire ne doit pas avoir ce droit, en présence de l'article 599, qui défend au nu-propriétaire de ne rien faire qui nuise à la jouissance de l'usufruitier. Les auteurs font généralement quelques exceptions : 1° lorsque les arbres sont vieux et dépérissent, il peut être d'une bonne administration de les abattre, et puisque la loi refuse ce droit à l'usufruitier, elle doit bien le permettre au nu-propriétaire, car elle n'a pas voulu que l'usufruit soit un obstacle à la bonne administration des biens. Nous croyons qu'il faudrait restreindre cette exception au cas où il s'agirait d'arbres qui forment point de vue ou qui fournissent à l'usufruitier un ombrage agréable. Sa jouissance constituerait un droit que ne pourrait lui enlever le nu-propriétaire, sous le prétexte que l'arbre se couronnerait ou viendrait à périr. La Cour de Poitiers, par

un arrêt du 2 avril 1818, a jugé que l'usufruitier qui ne
retire ni utilité ni agrément des arbres compris dans son
usufruit ne peut, lorsque ces arbres dépérissent, empêcher
le propriétaire d'en disposer.

2° Le nu-propriétaire pourrait encore abattre des arbres
de haute futaie, dans le cas où de grosses réparations seraient nécessaires. L'usufruitier, comme le dit Proudhon,
ne saurait avoir un droit contraire à ce qu'exigent la conservation et le salut de la chose. Il doit donc laisser le nu-
propriétaire couper ce qui lui est nécessaire.

Que faut-il dire des arbres épars dans les champs, qui ne
profitent pas à l'usufruitier, et qui nuisent aux récoltes?
L'usufruitier n'a pas, dès lors, d'intérêt à s'opposer à ce
que le nu-propriétaire les abatte. Pothier confirme cette
doctrine, en ajoutant : « Pourvu que le propriétaire en
laisse plus qu'il n'en faut pour les réparations usufruc-
tuaires. » (*Douaire*, n° 240.) Sans doute le propriétaire ne
peut rien faire sur la chose pendant la durée de l'usufruit ;
mais, si l'usufruitier n'avait aucun intérêt pour s'opposer
au désir du propriétaire, nous pensons qu'on pourrait lui
permettre de couper ces arbres.

Quand le nu-propriétaire abat des arbres de haute futaie
dans les cas où il en a le droit, par exemple pour réparer
ses bâtiments, il peut arriver qu'il prive l'usufruitier des
produits que l'arbre pouvait lui donner ; il ne devra pas
d'indemnité à l'usufruitier, car il n'a fait qu'user de sa chose :
nemini nocet qui suo jure utitur (1).

L'usufruitier doit aussi avoir le droit de demander l'abatage des arbres qui nuiraient aux récoltes, que ce soient
des arbres de haute futaie ou des arbres à fruit improduc-
tifs par suite de vieillesse.

(1) Delvincourt. — Contra Duranton, Merlin.

Mais que dire des arbres de haute futaie qui s'opposent au développement des jeunes pousses ? On n'admet pas, d'après les lois forestières, que l'usufruitier puisse couper ces baliveaux, malgré le dommage qu'ils occasionnent. Ils servent à fixer l'âge du bois, ils déterminent l'emplacement de telle ou telle coupe ; ils servent aux gardes des forêts pour se reconnaître et se diriger ; enfin, au printemps, les graines qui tombent de ces arbres et que les vents répandent dans tout le bois servent à son repeuplement.

Hors le cas de mise en coupes réglées, les arbres de haute futaie épars ne sont pas soumis aux droits de l'usufruitier : l'article 592 dit qu'il ne peut toucher aux arbres de haute futaie ; il peut seulement employer, pour faire les réparations dont il est tenu, les arbres arrachés ou brisés par accident ; il peut même, pour cet objet, en faire abattre, s'il est nécessaire, mais à la charge d'en faire constater la nécessité par le propriétaire.

Qu'arriverait-il donc si l'usufruitier avait abattu des arbres de haute futaie non mis en coupes réglées ? Il devrait restituer au propriétaire les arbres eux-mêmes ou leur valeur, sans préjudice, s'il y avait lieu, des dommages-intérêts, et même de déchéance de son usufruit. Mais le nu-propriétaire pourrait-il réclamer tout de suite l'indemnité qui lui est due, ou ne la réclamer qu'à l'expiration de l'usufruit ? La Cour de Paris a décidé que le propriétaire ne peut réclamer qu'à l'expiration de l'usufruit, par ce motif que le capital d'une pareille indemnité représentant une partie de la propriété soumise au droit de l'usufruitier, les intérêts de ce capital doivent rentrer dans sa jouissance. Cette décision est critiquée, et avec raison. Comment peut-on, en effet, accorder à l'usufruitier le droit de jouir de la valeur des

arbres auxquels l'article 592 lui défend de toucher? Souvent
alors l'usufruitier serait tenté d'abattre les arbres pour
avoir les intérêts du capital. Si le nu-propriétaire peut demander la cessation de la jouissance de l'usufruitier, il faut
dire, à *fortiori*, qu'il peut exiger immédiatement les arbres
eux-mêmes et des dommages-intérêts (1).

Le droit que l'article 592 concède à l'usufruitier est d'employer aux réparations dont il est tenu les arbres arrachés
ou brisés par accident, et même d'en faire abattre à ce sujet,
s'il est nécessaire. Les propriétaires sont, en effet, dans
l'usage d'employer ces arbres aux réparations qu'ils peuvent
avoir à faire ; il leur serait souvent plus préjudiciable
d'acheter des matériaux, de les faire venir, que d'abattre
ces arbres de haute futaie ; c'est donc avec raison que
l'article 592 permettra à l'usufruitier d'agir comme le propriétaire. Il pourra prendre, par cette raison, dans les bois
même non aménagés, des échalas pour les vignes et des
tuteurs pour les arbres fruitiers ou les plantes. Il n'a ce
droit que pour les réparations des bâtiments et l'entretien
des vignes qui dépendent de l'usufruit et qui font partie du
même domaine que le bois futaie.

Il ne peut employer les arbres morts ou arrachés par
accident que pour les usages déterminés par la loi. Nous
avons vu que la loi romaine lui en accordait pour brûler,
qu'elle distinguait le *lignum* de la *materia*. On pense généralement que les art. 593 et 594 C. N. ne sauraient permettre
une telle concession, qui pourrait devenir la source de
beaucoup d'abus.

Les bois même arrachés par accident continuent d'ap-

(1) Cass. 11 mars 1838. — Caen, 31 janvier 1839.— Dijon, 22 décembre 1842.

partenir au nu-propriétaire ; on ne veut pas que l'usufruitier ait un intérêt personnel à les faire tomber, et il ne
serait pas juste qu'un accident dépouillât le nu-propriétaire
pour faire gagner l'usufruitier. La loi romaine lui donnait
au contraire les arbres morts ; les auteurs s'accordent, en
général, pour dire qu'ils appartiendront toujours au propriétaire, ne fût-ce que pour empêcher la fraude. On se
fonde sur l'art. 592, qui dit : Dans tous les autres cas,
l'usufruitier ne peut toucher aux arbres de haute futaie. On
ne parle pas de ceux qui meurent, dit M. de Maleville ; ils
doivent sans doute subir le sort de ceux qui sont arrachés
ou brisés par accident. Mais le propriétaire serait obligé de
les faire enlever et de déblayer le terrain, ou de les abandonner.

L'article 592 se sert des mots : *arbres de haute futaie.*
Dans le projet, on lisait *bois* de haute futaie. Le tribunat de-
manda et fit prononcer la substitution du mot *arbres* à celui
de *bois :* « L'objet de ce changement, disait-il, est de comprendre dans l'article non-seulement les bois proprement
dits de haute futaie, mais encore les arbres qui peuvent
leur être assimilés, tels que ceux d'avenue, ornement, ou
arbres épars, pour lesquels le projet de loi présentait une
lacune. » Nous pensons, avec Proudhon, que l'usufruitier
n'a pas le droit de toucher à ces arbres épars, plantés pour
l'ornement ou pour avoir de l'ombre, puisqu'ils ne sont
pas destinés à produire un revenu par le moyen de la
coupe.

L'article 593 permet à l'usufruitier de prendre sur les
arbres des produits annuels ou périodiques, le tout suivant
l'usage du pays ou la coutume des propriétaires. On aurait dû, dit M. de Maleville, ajouter : produits périodiques
qu'on peut en retirer; car ce n'est pas là une faveur, c'est un
droit que l'article lui accorde, puisque ce sont des fruits. Il

faudra se référer aux usages locaux pour connaître le mode d'aménagement des arbres (1).

Si les réparations que doit faire l'usufruitier étaient assez considérables pour nécessiter l'abatage d'arbres futaies vivants, il doit observer une formalité essentielle : c'est de faire constater avec le propriétaire la nécessité de l'abatage ; sinon, le propriétaire pourrait exiger de lui une indemnité. Cependant l'omission de cette formalité pourrait être excusée par l'urgence ou par l'évidence de la nécessité constatée depuis l'abatage (2).

L'usufruitier pourrait-il exercer son droit de l'art. 592 sur les arbres de haute futaie non aménagés, s'il existait sur le domaine des futaies aménagées ou des bois taillis ? On peut dire que ces coupes lui appartiennent comme fruits, et que l'article 592 lui reconnaît, sans distinction, le droit d'employer aux réparations dont il est tenu les arbres des futaies abattus par accident, ou d'*en faire abattre*. Mais ne serait-ce pas contraire à la bonne administration du père de famille ? L'usufruitier n'est-il pas tenu de toujours s'y conformer ?

Quel est le droit de l'usufruitier sur les arbres à fruit ? Ceux qui meurent lui appartiennent, ainsi que ceux qui sont arrachés, à la charge de les remplacer par d'autres, tandis que nous avons vu qu'il en était différemment pour les arbres de haute futaie : ceux-ci ne peuvent se remplacer ; il faut un temps considérable pour qu'ils puissent s'élever à la hauteur d'arbre futaie. Le bois des arbres fruitiers, d'ailleurs, n'a pas une grande valeur ; l'usufruitier a intérêt à les conserver, et non à les faire périr ; voilà

(1) Voir, pour le département de la Vienne, le recueil des usages locaux.

(2) Toullier, t. 3, n° 108.

pourquoi le législateur lui permet de prendre les arbres fruitiers qui meurent ; le profit qu'il peut en retirer est compensé soit par la perte de jouissance qu'il en éprouve, soit par l'obligation qui lui est imposée d'en replanter d'autres. Le remplacement se fera ordinairement en arbres de la même espèce, si le propriétaire l'exige. L'usufruitier sera responsable de sa négligence de planter, mais il ne le sera pas de la non-réussite de la plantation.

La disposition de l'article 594 étant générale, elle s'appliquera aux noyers, aux autres grands arbres qui produisent des fruits. Mais il ne faudrait pas exagérer cette doctrine, et l'étendre aux mûriers, dont un auteur a comparé la feuille à un fruit (1), aux peupliers, aux saules, soumis à un ébranchement périodique, aux arbres fruitiers sauvages, qui croissent sans le secours de la main de l'homme. Il faudrait dire, pour ces derniers, que l'usufruitier a le droit de suivre l'aménagement établi par le propriétaire.

§ II.

Des droits du mari sur les arbres.

Nous devons dire d'abord qu'en général l'arbre ne tombe pas en communauté ; tant qu'il tient au sol par ses racines, il est immeuble ; les fruits des arbres encore pendants par branches, aussi bien que les fleurs, les feuilles, sont immeubles de leur nature : *fructus pendentes pars fundi esse videntur.* Si, au contraire, les arbres ou arbustes étaient dans des vases ou dans des caisses , ils ne seraient pas censés faire partie du sol, bien que ces vases ou ces caisses soient placés

(1) M. Taulier, t. 2, p. 507.

11

en terre. La plante ne ferait plus partie du sol, mais ces arbustes pourraient devenir immeubles par destination : ainsi, par exemple, les orangers des Tuileries, destinés à leur embellissement perpétuel, sont immeubles par destination. Pothier dit que des oignons de fleurs, même ceux qu'on retire de terre pendant l'hiver, sont immeubles par destination, pourvu qu'ils aient été mis en terre au moins une fois ; il doit en être ainsi des arbustes mis dans des caisses.

Pour les arbres des pépinières, nous renvoyons à ce que nous avons déjà dit plus haut.

Les créances mobilières tombent aussi dans la communauté. Mais, pour déterminer si un droit de créance est mobilier ou immobilier, il faut en rechercher l'objet, et non la cause : ainsi, l'action en délivrance d'arbres qui ont été vendus sur pied est purement mobilière ; car, quoique les arbres soient immeubles comme faisant partie du fonds au moment de la vente, cette action ne tend à les faire acquérir par l'acheteur que lorsqu'ils seront devenus meubles par leur séparation du sol (1).

Le mari, sous le régime de communauté légale, est considéré comme un usufruitier ; les coupes de bois tombent dans la communauté pour tout ce qui en est considéré comme usufruit (1303 C. N.) ; nous renvoyons donc à ce que nous venons de dire sur les droits de l'usufruitier.

Le mari ne peut toucher aux futaies non aménagées. Si des arbres de cette nature étaient abattus, pendant le mariage, sur l'héritage propre de l'un des époux, ces arbres, quoique devenus meubles par la séparation du sol, n'appartiendraient pas à la communauté ; provenus d'un propre sans en être les fruits, ils resteraient la propriété exclusive de celui des

(1) Pothier, C. n° 78.

époux sur l'héritage duquel ils auraient été coupés. Si ces
arbres avaient été employés au profit de la communauté, ou
si, ayant été vendus, la communauté en avait reçu le prix,
le propriétaire serait fondé, à la dissolution de la communauté, à exercer la reprise de la valeur, en vertu de l'article 1433 Code Nap. Il faut, pour que la reprise soit exercée,
que la communauté ait profité, d'une manière quelconque,
de la valeur des arbres abattus. Il en serait autrement si ces
arbres avaient été employés à des réparations sur l'héritage
de l'époux propriétaire. Il est à remarquer que, si les arbres
avaient été coupés avant le mariage, on donnerait une
solution opposée, comme s'il s'agissait d'une coupe de bois
taillis. Les arbres coupés étaient meubles; ils seraient entrés
dans la communauté, sans qu'on en ait considéré l'origine.
Quant aux autres droits accessoires attribués à l'usufruitier,
droit de prendre les produits périodiques des arbres qui ne
sont ni taillis ni futaies, droit de prendre des échalas, etc.,
il faut dire qu'ils appartiendront aussi à la communauté; la
position est semblable; il y a seulement une différence qui
est relative à la récompense qui serait due à la communauté,
si on n'avait pas fait, pendant son existence, une coupe de
bois qui aurait pu être faite.

Marié sous le régime dotal, le mari est aussi un usufruitier; on lui appliquera les principes des art. 590 et suivants.
Toutefois, si la femme s'était constitué nommément en dot
un bois de haute futaie qui n'ait pas encore été mis en
coupe réglée, il serait à présumer qu'elle a entendu autoriser son mari à commencer des coupes, en se conformant
aux usages de la contrée. Les produits qu'on retire des bois
sans les couper sont si minimes, qu'il n'est guère suppo-
sable que les parties aient voulu restreindre la jouissance
du mari à ces produits; si pourtant ces produits avaient

quelque valeur, si les arbres étaient, par exemple, résineux, on devrait s'en tenir strictement à la convention.

Sera-t-il, dû sous ce régime une indemnité aux héritiers du mari, pour les coupes qu'il n'aurait pas faites ? Le défaut de coupe ne pourra ici que préjudicier au mari. On se trouve en présence de ce fait singulier, à savoir : qu'on applique au mari la première disposition de l'art. 590, et qu'on élève des doutes sur l'application de la deuxième partie. L'usufruitier qui a négligé les coupes peut être présumé en avoir fait l'abandon au propriétaire; le mari, qui a des charges à supporter, qui fait chaque jour des dépenses considérables pour subvenir aux besoins du ménage, ne peut être considéré comme ayant eu la volonté de faire une libéralité. On doit supposer que, s'il a laissé passer l'époque des coupes, c'est qu'il en a été empêché par des circonstances indépendantes de sa volonté ; le mari pourrait d'ailleurs trouver dans cet abandon le moyen de faire à sa femme des libéralités indirectes.

Si la dissolution du mariage arrivait avant l'époque de la coupe, le mari ou ses héritiers pourraient réclamer, sur le prix en provenant, une indemnité équivalente au temps qu'aurait duré le mariage. Si la coupe ne se faisait que tous les dix ans, et que le mariage en eût duré cinq, le mari ou ses héritiers auraient droit au produit de la moitié de la coupe (1). Ces coupes qui ne sont pas faites donnent à l'immeuble dotal une plus-value dont le mari ou ses héritiers doivent être indemnisés.

(1) Roussilhe, n° 311. — Proudhon, Usuf., t. l', n° 2735.

Procédure.

Des actions relatives à l'élagage des arbres.

Avant la loi du 25 mai 1838, on se demandait quel était le juge compétent pour connaître des actions relatives à l'élagage des arbres. L'article 10, titre 3 de la loi du 16 août 1790, portait : Le juge de paix connaîtra sans appel jusqu'à la valeur de 50 livres, et à charge d'appel à quelque valeur que la demande puisse monter, des actions pour dommages faits, soit par les hommes, soit par les animaux, aux champs, aux récoltes. C'était donc au juge de paix qu'on devait demander la réparation de toute atteinte portée à une propriété rurale: c'était donc lui qui était compétent pour juger le dommage que fait éprouver à un propriétaire la projection des branches du voisin sur son fonds. Sans doute des branches d'arbres ne sont *ni des hommes, ni des animaux !* mais n'est-il pas évident que le dommage causé par les branches est imputable à un homme, au maître des arbres ? Voilà les prétentions que les propriétaires élevaient sous l'empire de la loi de 1790, et que la Cour de cassation avait consacrées par un arrêt du 6 déc. 1817.

M. Henrion de Pansey partageait le même sentiment, par ce motif que « cette action, absolument étrangère à la propriété, est purement possessoire; qu'elle a pour objet la répression d'un trouble et d'une espèce d'usurpation ; enfin que, les branches prenant chaque année un nouvel accrois-

sement, il est toujours vrai de dire que le trouble a été
commis dans l'année (1). »

M. Favard de Langlade (2) était d'une opinion contraire;
il convenait bien que si l'on intentait l'action possessoire, elle
ne pouvait avoir pour objet que la pousse de l'année ; autrement, si la pousse remontait à plus d'une année , ce ne
serait pas un trouble commis dans l'année; le juge de paix
serait incompétent *ratione materiæ* pour en connaître. Cette
conséquence, dit-il, prouve que l'action en élagage n'est
point attribuée au juge de paix ; et comme il n'a qu'une
juridiction d'exception, elle ne peut être étendue au cas qui
nous occupe. Il faut remarquer que c'est l'époque où le
trouble a eu lieu, et non celle où il s'est renouvelé, qui doit
servir de point de départ au délai dans lequel on doit intenter l'action possessoire. La Cour de cassation a adopté
cette dernière opinion par un arrêt du 29 décembre 1830 (3).
Elle se fonde sur ce que la demande d'élagage des branches
qui s'étendent, depuis un grand nombre d'années, sur le
champ voisin, n'est pas comprise dans les cas prévus par
le titre 24 de la loi de 1790. Elle distingue les deux actions:
l'une est relative au dommage fait aux récoltes , dommage
qui résulte d'un délit ; l'autre se rapporte à un fait fondé
sur *le droit de propriété*, à une plantation d'arbres.

La loi du 25 mai 1838 est venue faire cesser cette controverse. Aux termes de son article 5, le juge de paix est compétent pour les actions relatives à l'élagage des arbres ; il
en connaît sans appel jusqu'à la valeur de 100 fr., et à
charge d'appel à quelque valeur que la demande puisse
s'élever. Faut-il conclure de cette dernière disposition que

(1) Comp. des Juges de paix, p. 225.
(2) Rép. Juges de paix, § 1, n° 7.
(3) D. 1, 31, 178.

le juge de paix connaîtra de la demande en élagage en dernier ressort, si cette action n'est pas accompagnée d'une demande de dommages-intérêts? Non, assurément; la loi semble bien faire résulter le taux du ressort de l'importance plus ou moins considérable des dommages-intérêts; mais cela ne sera vrai que pour une demande isolée de dommages-intérêts, et non pour une action en élagage accompagnée d'une demande de dommages-intérêts. La loi de 1790 procédait de la même manière, quand elle disait que le juge de paix connaissait de certaines actions jusqu'à concurrence de 50 livres. Un arrêt de la Cour de cassation, du 22 novembre 1836, a décidé que le juge de paix ne pouvait prononcer en dernier ressort en complainte pour trouble à la possession d'un marais, alors même que le demandeur n'aurait conclu qu'à des dommages-intérêts n'excédant pas 50 fr. (1). La jurisprudence de la Cour de cassation a reconnu, dans plusieurs arrêts, que le chiffre des dommages-intérêts ne fixait pas l'importance du litige, qu'il n'ajoutait seulement qu'un élément de plus à sa valeur. Pourquoi n'en serait-il pas ainsi sous l'empire de la loi de 1838? L'action en élagage a pour objet une obligation de faire; le juge de paix ne doit pas juger en dernier ressort, quand il n'y a pas d'élément certain pour apprécier l'importance du litige (2).

Le droit pour un propriétaire de faire élaguer les branches de son voisin se trouve dans l'art. 672 Code Nap. Nous renvoyons à ce que nous avons déjà dit de cet article. Mais l'action en élagage qui est attribuée au juge de paix a-t-elle le caractère d'une action possessoire? Nous ne le pensons pas; la conséquence sera que le juge de paix sera compé-

(1) Arrêts des 25 mai 1822, 31 juillet 1828, 22 nov. 1836.
(2) Arg. d'analogie de l'art. 3 de la loi de 1838.

tent pour des branches qui s'étendraient depuis longtemps
sur l'héritage voisin. Nous avons dit que le fait d'avoir ainsi
sur son fonds des branches du voisin n'est qu'une simple
tolérance de la part du propriétaire, qu'il peut toujours
faire cesser; ce fait n'est pas dès lors susceptible de faire
acquérir au propriétaire des arbres aucun droit de possession ou de servitude sur le fonds voisin.

Le juge de paix sera-t-il compétent pour statuer sur l'exception de prescription que le voisin défendeur à l'action
en élagage pourra opposer? La solution de cette question
dépendra du caractère que l'on donne à l'art. 671 et à la
prescription qui a permis de conserver l'arbre dans l'état où
il se trouve. Veut-on y voir l'extinction d'une servitude
légale? le juge de paix sera compétent; il est compétent
pour reconnaître l'existence d'une obligation, il le sera
aussi pour dire que l'obligation a cessé d'exister. Mais nous
avons adopté l'opinion contraire, et nous avons cru voir
dans la prescription l'acquisition d'une servitude au profit
du maître de l'arbre; nous devons dire alors que le juge de
paix ne sera pas compétent; il devra renvoyer l'affaire au
tribunal de première instance, qui statuera sur les questions de propriété ou de ses démembrements; il devrait
également le faire, si le maître de l'arbre, défendeur à l'action en élagage, opposait un titre ou la destination du père
de famille, ou encore s'il se prétendait propriétaire du terrain sur lequel s'étendent les branches dont on demande
l'élagage.

SECTION II.

Des actions relatives à la distance prescrite pour les plantations.

L'article 6 de la loi du 25 mai 1838 attribue compétence
au juge de paix pour les actions relatives à la plantation des

arbres, lorsque la propriété ou les titres qui l'établissent
ne sont pas contestés.

Il résulte de ce que nous avons dit sur l'art. 671 C. N. que
l'on peut acquérir une servitude par prescription, puisqu'elle autorise à conserver un arbre planté à une moindre
distance que la distance légale. Le juge de paix serait-il
compétent pour statuer sur la défense d'un propriétaire
qui prétendrait avoir acquis une servitude? Nous avons
dit qu'il ne le serait pas pour une pareille défense que
le propriétaire de l'arbre opposerait à une demande en
élagage. Mais que faut-il décider s'il s'agissait, non plus
d'élagage, mais de l'arbre lui-même que le voisin voudrait
faire reculer à la distance légale? Un auteur (1) dit que
le juge de paix serait compétent; il se fonde sur la différence de rédaction qui existe entre l'article 5 et l'article 6
de la loi de 1838 : l'article 6 attribue compétence au juge
de paix, lorsque *la propriété ou les titres qui l'établissent
ne sont pas contestés;* l'article 5 n'avait parlé que *des droits
de servitude.* Nous préférons partager l'avis du savant
auteur de *la Compétence des juges de paix* (2), et dire que
le juge de paix n'est pas compétent. Il est impossible de ne
pas voir une contestation de la propriété dans l'allégation
de l'existence d'une servitude; c'est bien contester mon
droit de propriétaire que de prétendre qu'on en a acquis un
démembrement : la différence qu'on voudrait voir dans les
articles 5 et 6 de la loi de 1838 ne peut suffire pour faire
admettre une opinion que la raison ne peut justifier.

Si le défendeur se prétendait propriétaire du terrain, il
y aurait encore contestation de la propriété : il en serait
ainsi si l'on ne s'accordait pas sur les limites; mais, dans ce

(1) Curasson, t. 2, p 189.

(2) M. Bombeau, *Comp. des juges de paix*, p. 151.

dernier cas, le juge de paix ne sera pas toujours tenu de se
dessaisir : il a compétence pour une question de bornage,
à moins que cette dernière n'entraîne, elle aussi, une question de propriété.

Mais si le défendeur ne se prétendait que possesseur
annal des arbres, il ne pourrait invoquer la possession du
terrain ; la possession des arbres ne suffirait pas pour la lui
attribuer ; dès lors le juge de paix ne pourrait s'arrêter
devant ce moyen de défense. L'autre propriétaire puise un
titre dans l'article 672 du Code Napoléon ; la loi lui confère
le droit de faire arracher les arbres ; le juge de paix devra
déclarer le défendeur non recevable à invoquer sa possession annale, qui n'établit en sa faveur qu'une simple présomption. Pour obtenir gain de cause, le défendeur sera
obligé d'opposer ou la prescription, ou la destination du
père de famille, ou un titre ; sa possession annale de l'arbre
serait tout à fait insuffisante.

La Cour de cassation a décidé, par un arrêt du 11 décembre 1844, que le défendeur à une action possessoire
peut saisir reconventionnellement le juge de paix d'une
demande pétitoire, telle que celle à fin d'arrachis d'arbres
plantés à une distance moindre que la distance légale, toutes
les fois que cette demande rentre dans les attributions du
juge de paix, lorsque, par exemple, il n'y a pas de contestation sur la propriété (1).

(1) Dalloz, 43-1-57.

Code pénal.

DES PEINES QUI ATTEIGNENT CEUX QUI ARRACHENT OU MUTILENT DES ARBRES.

L'article 671 C. N. a reproduit pour notre législation française ce principe protecteur de l'agriculture que nous avons vu exister à toutes les époques ; les articles 445 et suiv. Code pénal consacrent le principe protecteur de l'arbre lui-même ; nous en avons vu la progression et le développement dans le droit romain et dans notre ancienne jurisprudence ; il ne nous reste plus à étudier que la sanction qui lui est donnée par notre Code pénal.

Les articles 445 et suiv. s'expriment ainsi : « Quiconque aura abattu un ou plusieurs arbres *qu'il savait appartenir à autrui* sera puni d'un emprisonnement qui ne sera pas au-dessous de six jours ni au-dessus de six mois à raison de chaque arbre, sans que la totalité puisse excéder cinq ans. »

Art. 446. « Les peines seront les mêmes à raison de chaque arbre mutilé, coupé ou écorcé de manière à le faire périr.»

Art. 447. « S'il y a eu destruction d'une ou de plusieurs greffes, l'emprisonnement sera de six jours à deux mois à raison de chaque greffe, sans que la totalité puisse excéder deux ans. »

Art. 448. « Le minimum de la peine sera de 20 jours dans les cas prévus par les articles 445 et 446, et de 10 jours dans celui de l'article 447, si les arbres étaient plantés dans les places, routes, chemins, rues ou voies publiques ou vicinales, ou de traverse. »

La loi de 1791 ne s'était occupée que des arbres plantés sur les routes ou voies publiques; notre Code s'applique à tous les arbres épars. A l'égard des arbres sur les routes, l'article 148 augmente la peine et fixe un minimum.

Pour qu'il y ait un délit, notre Code pénal exige deux choses : 1° *il faut qu'il y ait eu une mutilation d'arbres ;* 2° *que l'agent ait su que ces arbres appartenaient à autrui.*

1° On remarque que, d'après l'article 446, il faut qu'il y ait eu mutilation de manière à faire périr l'arbre. Il en résulte, dit un auteur, « une impunité complète, assurément fâcheuse, pour l'homme malveillant qui mutile simplement des arbres ou plants disséminés, sans qu'on puisse appliquer ni l'article 444, parce qu'il n'y a pas dévastation proprement dite, ni aucun des articles 445, 448, parce que les arbres ou plants ne seront pas détruits ou abattus. »

Nous pensons que ce fait doit rentrer sous l'application de l'art. 14 de la loi de 1791, ainsi conçu : « Ceux qui détruiront les greffes des arbres fruitiers ou autres, ou ceux qui écorceront ou couperont tout ou partie des arbres sur pied qui ne leur appartiendront pas, seront condamnés à une amende double du dédommagement dû au propriétaire, et à une détention de police correctionnelle qui ne pourra excéder six mois. »

Si le Code pénal garde le silence sur ce délit, c'est qu'il trouve les peines de la loi de 1791 suffisantes; on ne peut conclure de son silence l'abrogation de cet art. 14; il est de principe, en effet, que les lois postérieures laissent subsister les lois antérieures qu'elles n'ont pas pour objet de remplacer. On peut encore invoquer les paroles de l'orateur du gouvernement, qui disait, sur l'art. 481 Code pénal, que le Code pénal laissait subsister les lois et règlements en vigueur relatifs aux dispositions du Code rural qui ne sont pas entrées dans le Code pénal.

Les dispositions des articles 445 et suiv., malgré leur apparence de généralité, ne s'appliquent qu'aux arbres épars, et non aux arbres des forêts ; les délits qui sont commis dans les forêts sont réprimés par la législation forestière.

La loi ne distingue pas si le délit a lieu dans un terrain clos ou dans un terrain ouvert ; nous partagerions l'avis d'un auteur qui pense que si la circonstance de clôture ne modifie pas la nature du délit, elle doit appeler plus de sévérité de la part du juge dans l'application de la peine (1).

Que faut-il décider pour les arbustes ? faut-il les assimiler aux arbres ? tomberont-ils sous le coup des art. 445 et s. ? Leur destruction peut être quelquefois plus préjudiciable au propriétaire que celle des arbres eux-mêmes ; on pourrait peut-être dire qu'ils sont compris dans les arbres ; mais les peines édictées par les art. 445 et suiv. sont sévères ; il ne faut pas les étendre, car autrement on ne pourra pas distinguer entre les arbustes qui enrichissent une serre et les ronces qui croissent, malgré le propriétaire, le long de sa maison. Le législateur ne comprend pas l'arbuste sous la dénomination arbre ; il ne parle pas le langage des gens du monde ; il est plus précis qu'eux, et il a fait quelquefois cette distinction. Au reste, si on ne peut faire rentrer la dévastation des arbustes dans l'art. 445, elle pourra tomber sous le coup de la disposition de l'art. 444, pourvu qu'elle réunisse les caractères exigés par cet article pour qu'il y ait dévastation ; la mutilation d'un seul plant ne donnerait lieu qu'à une action civile.

2° Nous avons dit que le second caractère exigé par la loi pénale pour constituer le délit est la connaissance, par

(1) Carnot, t. 2, p. 127, n° 3.

l'agent, que les arbres appartenaient à autrui ; l'art. 445 Code pénal l'exige formellement. Il résulte que celui qui coupe ses propres arbres ne commet pas de délit, et, en second lieu, qu'il est nécessaire de constater formellement cette circonstance, puisque c'est elle qui constitue le délit. Nous pensons donc que les tribunaux doivent la mentionner dans leurs jugements ; car, s'il en était autrement, comme le dit un auteur, « comment pourrait-on admettre une culpabilité par voie de conséquence et de présomption ? Pourquoi s'éloigner du principe qui veut que, lorsque les éléments du délit sont définis par la loi, le jugement doit les constater ? Il ne suffit pas que le prévenu soit déclaré coupable, il faut qu'il soit déclaré coupable du délit prévu par la loi, et par conséquent du délit composé des deux éléments qui le constituent légalement. »

L'art. 447, qui s'occupe des greffes, n'exige pas, comme pour les arbres, que la mutilation soit de nature à faire périr l'arbre. L'espérance que la greffe portait en elle est détruite, et cela suffit pour que la loi punisse le coupable d'une peine, moins forte, à la vérité, que celle qui atteint celui qui a coupé un arbre.

Si le coupable était un fermier, pourrait-on lui appliquer l'article 445 du Code pénal ? On pourrait dire que cette disposition n'atteint que celui qui n'avait aucune espèce de droit sur l'arbre ; qu'alors le dessein de nuire au propriétaire apparaît d'une manière évidente ; mais que si c'est un fermier, on ne doit y voir qu'un abus de jouissance, qui peut aussi bien être la suite d'une erreur sur l'étendue de son droit que l'effet de l'intention de nuire à autrui. Nous n'admettons pas cette opinion. L'art. 445 est trop général pour que ses dispositions ne puissent pas s'appliquer au fermier. Il en serait ainsi, alors même que le bail confèrerait au fermier le droit d'élagage ; il est certain que ce droit n'emporte pas celui de mutiler les arbres et de les exposer à périr.

Sous l'empire de la loi du 6 octobre 1791, la Cour de cassation (arrêt 18 floréal an X) avait décidé que la peine édictée par l'article 14 contre ceux qui avaient écorcé les arbres d'autrui ne s'appliquait pas aux fermiers qui avaient endommagé, en labourant, les racines des arbres du propriétaire ; cette dégradation ne donnait lieu qu'à une action civile, qu'on ne pouvait, par conséquent, porter devant les tribunaux correctionnels. On devrait encore appliquer cette jurisprudence sous l'empire du Code pénal ; elle n'est pas contraire au principe que nous citions tout à l'heure. Dans la première hypothèse, il s'agissait, en effet, d'un fermier qui avait coupé plusieurs branches, qui avait pratiqué un élagage qui eût pu faire mourir les arbres; dans la dernière, au contraire, nous voyons un fermier qui, par maladresse ou inexpérience, endommage, en labourant, les racines des arbres : la mutilation n'est qu'une suite de l'élagage que le bail a pu conférer au fermier, ou celui-ci a exécuté la clause du bail qui lui prescrivait de faire des labours, et il a été seulement imprudent en arrachant avec le soc de sa charrue les racines des arbres. Si ces arbres périssent, nous croyons que le propriétaire ne peut agir contre son fermier que par une action civile; car le fermier n'a pas eu l'intention de nuire, et on ne peut punir sa maladresse comme son intention coupable.

Nous croyons qu'il faut généraliser et dire que l'intention est nécessaire pour constituer le délit. Si un voiturier avait mutilé involontairement un arbre en conduisant sa voiture, si une personne avait gravé son nom sur l'écorce assez profondément pour faire périr l'arbre, et si l'arbre était mort, le propriétaire de cet arbre ne pourrait agir contre ces personnes que par une action civile, en vertu de l'article 1382 Code Napoléon. La Cour de cassation, dans un arrêt du 29 février 1828, décide que l'écorchure d'un arbre par l'essieu d'une voiture n'est passible d'aucune peine, si l'écorchure n'est pas de nature à faire périr l'arbre ; si, au contraire, elle est de nature à faire périr l'arbre, elle constitue un délit de la compétence des tribunaux correctionnels. Nous croyons cette doctrine exagérée ; cette distinction méconnaît la bonne foi du conducteur de la voiture ; s'il y a imprudence de sa part, il n'y a pas intention de commettre un délit. La Cour suprême le reconnaît quand l'écorchure n'est pas profonde ; on doit aussi le reconnaître dans l'hypothèse inverse. Un délit ne doit pas pouvoir dépendre du plus ou moins de profondeur d'une écorchure ! un délit n'existe pas sans intention !

Il faut aussi que l'abatage ou la mutilation ait eu lieu dans le but unique de détruire par méchanceté les arbres, sans que le délinquant ait cherché à en tirer aucun avantage personnel. Si un fermier abat, dans le but de *s'en approprier le bois,* un certain nombre d'arbres fruitiers dépendant des terres qu'il tient à bail, et les fait enlever à l'aide de voitures, il sera punissable du délit de maraudage, avec la circonstance aggravante du § 5 de l'article 388 Code pénal.

L'article 448 Code pén. augmente la peine, lorsqu'il s'agit d'arbres plantés sur les routes, chemins, rues, voies publiques, vicinales ou de traverse ; cette disposition est limitative : ainsi on ne devrait pas l'appliquer aux arbres plantés sur un chemin de *desserte* ou un chemin de propriété privée.

Le délit de mutilation d'arbres s'aggrave dans deux circonstances prévues par l'art. 450 : 1° lorsqu'il a été commis en haine d'un fonctionnaire public, 2° lorsqu'il a eu lieu la nuit, l'emprisonnement est de 20 jours au moins et de quatre mois au plus.

Nous avons dit que les dispositions pénales ci-dessus ne s'appliquent pas au propriétaire des arbres; il a le droit de les couper sans se rendre coupable d'un délit; mais il y a une exception que nous examinerons plus tard; le propriétaire ne peut abattre les arbres qu'on lui a permis de planter sur le bord des routes, sans une autorisation administrative; en cas de contravention, on n'appliquera pas les dispositions du Code pénal, mais les lois spéciales de la matière. (L. 9 vent. an XII, 16 déc. 1811.)

Les règles de prescription établies par le Code d'instruction criminelle s'appliquent à tous les crimes, délits et contraventions prévus dans le Code pénal : ainsi le délit prévu par l'article 445 Code pénal, qui se prescrivait, sous l'empire du Code rural, par un an, ne se prescrit plus que par trois ans, conformément à l'article 638 Code d'instr. criminelle (1).

Nous devons mentionner les dispositions de l'article 456 : Quiconque aura déplacé ou supprimé des bornes ou pieds corniers, ou autres arbres plantés ou reconnus pour établir les limites entre différents héritages, sera puni d'un emprisonnement qui ne pourra être au-dessous d'un mois ni excéder une année, et d'une amende égale au quart des restitutions et des dommages-intérêts, qui, dans aucun cas, ne pourra être au-dessous de 50 fr.

Cet article ne distingue pas si les bornes ont été supprimées par méchanceté ou en vue de nuire, ou en vue de favoriser une usurpation de terrain.

Il faut en premier lieu, pour constituer le délit, l'intention de nuire. Il n'y a pas à rechercher, en deuxième lieu, si l'agent a connu quel était le propriétaire des bornes; elles

(1) Cass. 23 octobre 1812.

12

sont mitoyennes, un des voisins n'a pas le droit de les arracher.

L'article 456 ne punit que le déplacement ou la suppression des bornes. La dégradation ne serait pas passible de la peine prévue par l'article 456, puisqu'il resterait encore une partie de la borne pour indiquer la limite. La loi énumère les bornes, pieds corniers ou autres arbres ; il faut en conclure que l'énumération est limitative.

Le tribunal compétent est le tribunal correctionnel. Le ministère public peut poursuivre sans attendre la plainte de la partie intéressée ; c'est, en effet, un délit de droit commun. La peine sera prononcée indépendamment des dommages-intérêts qui pourront être dus ; l'emprisonnement et l'amende pourront se cumuler, sauf application de l'article 463. Aucune peine ne serait applicable, s'il n'y avait eu que tentative.

Sous la République, on se demandait si l'article 4 de la loi du 26 nivôse an VI était encore en vigueur. Il prononce la peine de 4 années de détention contre tout individu coupable d'avoir abattu ou tenté d'abattre un arbre de la liberté. L'article 257 Code pénal l'a-t-il abrogé implicitement? doit-il s'appliquer à l'arbre de la liberté comme à un objet destiné à la *décoration publique?* Le tribunal de la Seine, en juillet 1849, avait été saisi de cette question, à l'occasion de l'arbre de la liberté planté devant le palais de l'Institut, et qui avait été mutilé; le tribunal, ayant relaxé l'individu de la plainte, n'eut pas à se prononcer sur l'application de la peine. Il n'existe pas, à notre connaissance, de décisions sur cette question; nous pensons que l'article 257 Code pénal devrait recevoir son exécution ; mais il est certain, pour qu'on puisse l'appliquer, qu'il faut que l'arbre ait été planté par le gouvernement ou avec son autorisation; la disposition de l'article est formelle à ce sujet.

Droit administratif.

CHAPITRE PREMIER.

DES ARBRES PLANTÉS LE LONG DES GRANDES ROUTES, DES CHEMINS
DE FER ET DE HALAGE.

SECTION PREMIÈRE.

§ 1er.

De la plantation des arbres sur les routes.

Les arbres, dit Proudhon, qu'on peut, en général, regarder comme la chevelure et le plus bel ornement du
globe, sont surtout très-intéressants au bord des grandes
routes. « Ils prêtent, disait M. Jacquinot de Pampelune (dans
son rapport, Ch. des députés, 30 juin 1824), leur ombrage
au voyageur fatigué, le préservent souvent de graves acci-
dents, en traçant, au milieu des neiges ou des inondations,
la direction des routes. Les plantations contribuent, par
l'embellissement des sites, à attirer en France une foule
d'étrangers ; enfin c'est le moyen le plus efficace pour obtenir la conservation et la reproduction des bois nécessaires au charronnage, à l'artillerie et à la marine. »

Nous avons fait connaître les différents règlements de
notre ancienne jurisprudence. Depuis la révolution, le
premier acte qui soit intervenu sur la matière est un ar-

rêté du gouvernement du 18 messidor an X. Il place sous la surveillance de l'administration générale des forêts les arbres des grandes routes et ceux des canaux. Cette administration est chargée de la plantation, de l'élagage et de l'exploitation de ces arbres ; les alignements des plantations doivent être donnés par les ingénieurs des ponts et chaussées.

Une loi du 9 ventôse an XIII (28 février 1805) s'est occupée spécialement de la plantation des arbres « le long des grandes routes non plantées et susceptibles de l'être » (art. 1er).—Elles seront plantées par les propriétaires riverains en arbres forestiers, dans *l'intérieur de la route et sur le terrain appartenant à l'État*, avec un contre-fossé (art. 2). — Si les propriétaires n'exécutent pas la plantation dans les deux ans du jour où elle sera ordonnée, l'administration la fera à leurs frais (art. 4). — *Si la largeur de la route* ne permet pas de planter sur le terrain appartenant à l'État, et que le riverain *veuille* planter sur son propre fonds à moins de 6 mètres de distance de la route, il ne sera tenu que d'obtenir du préfet l'alignement à suivre ; les arbres sont à sa libre disposition (art. 5).

« Ces dispositions, disait M. Jacquinot de Pampelune, ne restèrent ni sans exécution ni sans résultats ; un grand nombre de particuliers plantèrent soit sur leurs terrains, soit même sur le sol des routes, avec la permission du gouvernement ; l'administration elle-même fit beaucoup de plantations sur le sol des routes et sur celui des riverains. Ce fut elle qui dirigea constamment et le choix des essences, et l'alignement, et l'élagage ; ce fut elle qui se réserva de permettre l'élagage, et telle a été l'origine de tant de magnifiques avenues qui forment encore aujourd'hui une partie de nos routes. »

Il résultait de cette loi de ventôse que la plantation sur le

sol de la route qui avait une largeur suffisante était toujours obligée; la plantation sur le fonds riverain, toujours
facultative.

Le décret du 16 décembre 1811 rendit cette dernière alternative obligatoire : « Art. 88. Toutes les routes royales
non plantées et susceptibles de l'être sans inconvénient
seront plantées par les particuliers ou communes propriétaires riverains de ces routes, *dans la traversée de leurs propriétés respectives.* — Art. 90. Les plantations seront faites
au moins à la distance d'un mètre du bord extérieur des
fossés et suivant l'essence des arbres. — Art. 91. Dans chaque
département, l'ingénieur en chef remettra au préfet, avant
le 1er juillet 1812, un rapport tendant à fixer celles des routes
royales du département non plantées et susceptibles de
l'être sans inconvénient, l'alignement des plantations et le
délai nécessaire pour l'effectuer; il y joindra son avis sur
l'essence des arbres qu'il conviendrait de choisir pour
chaque localité, pour le tout devenir *l'objet d'un arrêté du
préfet*, qui sera soumis à l'approbation de notre ministre
de l'intérieur par l'intermédiaire de notre directeur général. — Toutes ces dispositions sont communes aux routes
départementales » (art. 13, n° 4, décr. 16 déc. 1811).

La progression de la législation sur cette matière est bien
marquée : avant la révolution, les riverains des grandes
routes sont tenus de planter sur les routes et sur leurs
héritages.

D'après la loi du 9 ventôse an XIII, la plantation est facultative quand la route n'est pas assez large, obligatoire
en cas contraire; toujours facultative sur les héritages.

Le décret du 16 décembre 1811 rend obligatoire la plantation sur les fonds riverains, et laisse subsister les dispositions relatives à la plantation sur le sol même de la route.

En 1824, il fut question de substituer à l'obligation la simple faculté de planter ; ce projet n'aboutit pas.

En 1825, un nouveau projet fut présenté ; il ne parle plus de la plantation ; il fut même déclaré, dans le rapport de la commission, que le décret de 1811 continuait de subsister et que la plantation était toujours obligée.

Cependant il fut reconnu que le gouvernement avait tiré peu de parti des dispositions qui obligeaient les riverains à planter sur leurs propres terres.

Dans son rapport de 1824, M. Jacquinot de Pampelune disait : « Sans doute, et la commission l'a pensé unanimement, lorsque la largeur d'une route est suffisante pour que le gouvernement puisse faire des plantations sur le sol même de la route, il ne doit être demandé aux riverains *que de ne pas nuire* à la plantation du gouvernement. »

Maintenant on ne peut plus exiger que les riverains plantent sur le sol même des routes ; les frais et le profit de ces plantations, dans le cas où elles peuvent être utiles, ne concernent que l'État ; cette plantation a même fait l'objet de deux circulaires du ministre des travaux publics des 9 août 1850 et 17 juin 1851. Mais, en revanche, les riverains peuvent être contraints de planter sur leurs héritages.

On a contesté la légalité du décret du 16 décembre 1811, mais la jurisprudence a toujours reconnu qu'il avait force de loi (1). Le 30 mars 1824, le rapporteur de la commission s'exprimait ainsi : « Le décret de 1811, basé sur les anciennes ordonnances, sera, jusqu'à nouvel ordre, le *Code* de la plantation des routes ; il *subsiste dans toute sa force* ; le projet

_____

(1) Arrêts du conseil des 28 octobre 1831, 1er février 1833, 12 mars 1846

de loi en est la preuve, puisque, pour y déroger, le gouvernement réclame le concours des chambres. »

Les articles 90 et 91 du décret disent que la plantation est ordonnée par un arrêté préfectoral, revêtu de l'approbation du ministre; il détermine l'alignement, l'essence des arbres, l'intervalle à laisser d'un arbre à l'autre, le délai. L'arrêté qui ordonne au propriétaire de planter est contentieux, puisqu'il est une atteinte au droit de la propriété. Le riverain pourra donc recourir au conseil d'État; mais certaines parties échapperont à son contrôle, celles qui ne regardent que les faits de l'administrateur, par exemple la qualité, l'âge, l'essence des arbres, la désignation de la partie de la route à planter. Le conseil d'État ne devra pouvoir apprécier que l'alignement, au point de vue de la reconnaissance de la véritable limite du chemin, ou la distance à observer vis-à-vis du bord des fossés, au point de vue de l'obligation de ne point excéder les six mètres donnés par l'article 90 comme le maximum, ou encore l'intervalle d'un arbre à l'autre qui peut varier entre un minimum de 5 mètres 85 centimètres et un maximum de 9 mètres 75 centimètres (1).

Il ressort des articles 95, 96, 97 du décret du 16 décembre 1811 que les arbres sont reçus par les ingénieurs, et si les riverains ne se conforment pas à l'arrêté préfectoral, le conseil de préfecture décidera que la plantation sera exécutée à leurs frais, et les condamnera à une amende de un franc par chaque pied d'arbres.

§ II.

De la propriété.

La loi du 15 août 1790 attribuait aux riverains la pro-

(1) Arrêt du cons. 3 mai 1720. — Ord. 29 mars 1751.

priété des arbres plantés sur les chemins vicinaux ; elle ajoutait : « Il sera statué par une loi particulière sur les arbres plantés le long des chemins royaux. » Ils sont attribués à l'État par le directoire exécutif à la date du 28 floréal de l'an IV.

L'art. 3 de la loi du 9 ventôse de l'an XIII attribue la propriété des arbres aux riverains, qui ne pourront les couper ou arracher que sur une autorisation de l'administration préposée à la conservation des routes, et à la charge de les remplacer. Cette disposition générale doit régir les plantations anciennes comme les nouvelles.

Le décret du 16 décembre 1811 vint distinguer les plantations faites depuis la loi du 9 ventôse de l'an XIII et celles qui se feront à l'avenir , des plantations antérieures à cette loi.

Les premières appartiennent *aux particuliers* qui prouvent les avoir faites. Quant aux deuxièmes, le décret distingue : sont-elles sur la propriété elle-même des *riverains? elles leur appartiennent ;* sont-elles sur le *sol de la route? elles appartiennent à l'État* (art. 86, 87, 89.) Les auteurs ont critiqué ce décret ; il avait le tort, en effet, de ne pas réserver les droits acquis aux particuliers et de ne pas leur permettre d'en faire la preuve. Le conseil d'État, le 29 mai 1813, avait appliqué ce décret de 1811 et avait attribué tous les arbres plantés sur le terrain des routes à l'État, excepté ceux qui auraient été plantés en exécution de la loi du 9 ventôse de l'an XIII. C'était, comme le dit un auteur, résoudre la question par la question elle-même (1).

« Les riverains, dit M. Tarbé de Vauxclairs (v° plantations) ont commencé par s'emparer des arbres que le décret leur avait abandonnés, et ensuite ils ont réclamé les

(1) Garnier, *Des chemins*, p. 132.

autres en vertu de leurs titres anciens, et comme, d'une part, la prétendue compensation était un acte d'autorité non consenti par les parties intéressées, que d'ailleurs elle était souverainement injuste à l'égard de ceux qui perdaient les arbres par eux plantés sur le sol de la route, et qui n'en trouvaient pas d'autres en échange au delà des fossés, il a fallu finir par leur rendre justice. »

Aussi la loi du 12 mai 1825 a-t-elle condamné la jurisprudence du conseil d'État. Elle reconnaît, dans son article premier, que les arbres existant sur le sol des routes royales et départementales appartiennent aux particuliers qui *justifieront* les avoir légitimement acquis à titre onéreux ou les avoir plantés à leurs frais ; la preuve doit en être apportée.

L'art. 1er de cette loi ajoute que « les contestations qui pourront s'élever entre l'administration et les particuliers, relativement à la propriété des arbres plantés sur le sol des routes, seront portées devant les tribunaux ordinaires. Les droits de l'État y seront défendus à la diligence de l'administration des domaines. »

La loi de 1825 parle des arbres plantés *sur le sol* des routes ; il pourra être difficile d'établir *à priori* quelle est la limite de cette propriété de l'État : dans certaines routes, c'est la crète du fossé ; dans d'autres, ce sera une haie. Ce sera à l'administration à déterminer cette limite.

La propriété conférée par la loi de 1825 aux riverains est soumise à certaines restrictions. L'art. 1er ne permet d'abattre les arbres que lorsqu'ils donnent des signes de dépérissement ; il ne suffirait donc pas que l'arbre fût arrivé à maturité. L'administration suit un usage contraire, en contraignant les riverains à un remplacement immédiat. Mais il a été formellement dit, dans la discussion de la loi (1), que l'arbre ne pourrait être abattu que s'il donnait des signes de dépérissement. Il faut, de plus, une deuxième condition : on doit obtenir la permission de l'autorité administrative. Cette autorisation est aussi nécessaire pour l'élagage, qui ne doit avoir lieu que sous la surveillance des agents des ponts et chaussées, et aux époques indiquées dans l'arrêté du préfet. (Art 102 et 105, D. 16 déc. 1811.)

Quant aux arbres plantés sur le sol même de la route, le riverain n'aurait pas le droit de les remplacer : « Le sol, a dit le rapporteur, appartenant à l'Etat, l'arbre aux particuliers, il est sans difficulté que, l'arbre une fois coupé, le sol redeviendra libre, et que l'Etat seul aura le droit de planter. » Les arbres, au contraire, plantés sur le terrain des riverains ne peuvent être abattus qu'à charge de remplacement.

§ III.

De la pénalité et de la compétence.

1. Quelle peine encourt-on, lorsqu'on abat un arbre planté sur la route ?

Si l'on n'en est pas propriétaire, on appliquera les articles 445 et 448 Code pénal ; la peine est de 20 jours d'emprisonnement au moins, et de 5 ans au plus. Ces articles s'appliquent aussi bien aux riverains non propriétaires qu'à ceux qui n'ont aucun héritage joignant la route.

Mais, si le riverain était propriétaire des arbres plantés sur la route, quelle peine peut-on lui appliquer ? Ce ne peut-être celle édictée par le Code pénal ; il exige du coupable la

---

(1) *Moniteur* 3 avril 1823.

connaissance que l'arbre appartenait à autrui ; la raison
exige aussi que la peine soit plus forte. Deux arrêts du conseil, des 28 novembre 1821, 19 mars 1823, appliquent, pa.'
analogie, l'article 101 du décret de 1811. Cet article trouve
son application naturelle au cas où l'arbre est planté sur le
terrain du riverain; celui-ci sera condamné à une amende
égale à la triple valeur de l'arbre, s'il l'a coupé sans autorisation.

Voilà les dispositions qui réglementent les plantations
obligées; le propriétaire n'aura pas besoin d'autorisation
pour disposer des arbres plantés sur son terrain; il faut
remarquer seulement que, dans une zone de six mètres de
largeur de chaque côté des routes, l'héritage se trouve
grevé d'une servitude; il devra se munir d'un alignement
pour planter : cette obligation résulte de l'article 5 de la loi
du 9 ventôse an XIII.

Les peines du Code pénal sont aussi applicables à ceux
qui coupent les branches ou les arbres plantés sur les bou-
levards de Paris (ord. du 11 septembre 1811), et sur les
jardins publics des Tuileries, du Luxembourg, des Champs-
Élysées.

Quid des arbres faisant corps avec une forêt que traverse
la route? Dans l'exposé des motifs de l'art. 448, M. Faure
disait bien que les anciennes lois ne punissaient pas assez
les délits de ceux qui détruisaient les productions de la
terre, et que l'amende prononcée, au lieu de l'emprisonnement, par l'ordonnance de 1669, était insuffisante. Nous
adoptons, malgré ces paroles, l'opinion contraire, et nous
pensons que l'art. 448 n'est pas applicable à ces arbres;
son texte ne concerne, en effet, que les arbres plantés sur
les places, routes, chemins, voies publiques ou vicinales et
de traverse. Or nous supposons que l'arbre dont il s'agit
fasse partie de la forêt ; pourquoi n'appliquerait-on pas

l'ordonnance de 1669? Le Code pénal n'a-t-il pas maintenu les anciennes lois sur les matières qu'il n'a pas réglées (art. 484), et dans ces anciennes lois l'orateur du gouvernement comprenait formellement l'ordonnance des eaux et forêts. Son titre 23, art. 3, impose l'obligation d'essarter les forêts, le long des routes, sur une largeur de 60 pieds de chaque bord, qui doivent former l'ouverture des routes elles-mêmes. Un avis du conseil, du 31 décembre 1833, décide qu'on peut obliger les propriétaires de bois à essarter sur une largeur de 60 pieds, quelle que soit la largeur de la route. (Circulaire du ministre des travaux publics, du 31 janvier 1850.)

Une ord nnance du 3 février 1832 du conseil d'État a décidé que, si l'on n'avait pas agi dans l'intention de causer du dommage à l'Etat, si on avait pu, du reste, être induit en erreur par le martelage irrégulier de l'administration, il n'y avait lieu qu'à réclamer du prévenu la valeur estimative des arbres, et non la triple valeur.

Celui qui écorce un arbre de manière à le faire périr est puni comme celui qui l'abat. Le conseil d'État a jugé, le 22 juin 1825, que l'ébranchement d'un arbre sur une route ne constituait ni un délit ni une contravention, mais un simple dommage, dont la connaissance appartenai tauconseil de préfecture. Dans l'espèce, les auteurs du dommage n'étaie.: pas riverains.

Cette jurisprudence est critiquée avec raison; si on l'admettait, il faudrait dire aussi que le même dégât sur une propriété privée n'est passible que d'une action en indemnité. Ce n'est pas possible; il y a un délit qu'on d .i'. reprimer en vertu des art. 14 et 43 du tit. 2 du Code rural de 1791, qui infligent la même peine à ceux qui coupent ou qui *dégradent* les arbres plantés sur les routes.

L'extension des branches qu'on laisse prendre aux arbres

des routes ne peut constituer un délit correctionnel qu'autant qu'elles peuvent gêner la liberté du passage (art. 48 Code rur. de 1791); sans cette condition, les propriétaires ne sont passibles d'aucune peine (Cass. 24 oct. 1823).

Dans l'ancienne jurisprudence, nous avons mentionné l'existence d'une ordonnance du 2 août 1774, qui défend d'attacher des cordes aux arbres et d'y rien faire sécher ou suspendre, à peine de confiscation des objets et 50 fr. d'amende. Cette prohibition existe encore.

II. L'art. 1er de la loi du 29 floréal an X attribue compétence aux conseils de préfecture pour toute espèce de détériorations commises sur les routes et les arbres qui les bordent... Mais il faut remarquer que leur pouvoir est borné aux condamnations pécuniaires et ne peut s'étendre aux peines corporelles et d'emprisonnement. Comment supposer, disait M. Henrion de Pansey (*Comp.*, ch 28), que le législateur ait voulu donner le droit de prononcer des peines aussi graves à des tribunaux tels que les conseils de préfecture, où tout se fait si sommairement, où il n'y a ni prétoire, ni officiers ministériels, ni ministère public? Ce motif ne serait plus vrai aujourd'hui que la publicité est devenue la règle pour les séances du conseil de préfecture; mais le décret du 30 décembre 1862 n'a rien innové en ce qui touche la nature de la peine à appliquer. S'il y a une peine corporelle à appliquer, le conseil renverra le contrevenant devant le tribunal correctionnel pour son application.

Le conseil de préfecture est valablement saisi, par les procès-verbaux de contravention, des délits de grande voirie; il pourra entendre la discussion des faits sur lesquels la contravention est fondée, si les faits sont constants; il ne peut affranchir le contrevenant de la peine, sous prétexte de sa bonne foi ou du peu de gravité des faits.

La plantation d'arbres sur le sol d'une route impériale

constitue une contravention de la compétence du conseil,
bien que le planteur se déclare propriétaire du sol sur lequel il a planté. Il doit, en ce cas, voir si le sol fait partie
de la route, sans préjudice de la question de propriété de
ce terrain. (Ord. du cons. d'Etat, 11 mai 1838.)

Des arbres le long des chemins de fer.

L'art. 3 de la loi du 15 juillet 1845 sur les chemins de
fer rend applicables aux propriétés riveraines les servitudes concernant la distance à observer et l'élagage des
arbres plantés.

La loi du 9 ventôse an XIII, art. 15, qui assujettit les riverains qui veulent planter plus près de six mètres, à en
demander et obtenir préalablement l'autorisation de la préfecture, est également applicable aux chemins de fer ; cela
résulte des explications données par M. Legrand, commissaire du roi (séance du 1er avril 1844) (1). Si le propriétaire veut laisser cette distance, il peut planter sans demander d'autorisation ; s'il veut rapprocher sa plantation, il
doit se faire autoriser, quelle que soit l'essence de l'arbre.

Mais il faut remarquer que le décret de 1811 ne peut recevoir ici son application ; les propriétaires ne peuvent être
forcés de planter le long des chemins de fer (*Moniteur* du 3
février 1845, p. 324), pas plus que d'essarter, lorsqu'ils sont
propriétaires d'une forêt traversée par la ligne de fer.

Les lois sur l'élagage sont, au contraire, applicables ;
une partie du décret du 16 décembre 1811 trouvera ici sa
raison d'être.

(1) *Monit.* du 2 avril, p. 808.

Les contraventions sont de la compétence des conseils de préfecture, qui peuvent intliger une amende de 16 fr. à 300 fr.(Art. 11, loi 1845.) Ils doivent ordonner la suppression des plantations comme des autres travaux ; on l'a dit formellement dans la discussion (1). Ce droit de les faire enlever est consacré par les arrêts du conseil des 7 septembre 1755 et 20 mars 1780.

SECTION III.

Des arbres sur les chemins de halage.

Les chemins de halage forment par leur destination des chemins publics que la loi du 29 floréal an X place dans les attributions de la grande voirie ; mais cette obligation, créée par l'ordonnance de 1669, de laisser sur le bord des rivières navigables un chemin pour le halage des bateaux, constitue plutôt une servitude qu'une expropriation. (Ord. roy. 26 août 1818 ; 650 C. N.) Les chemins sont une propriété privée, à la différence du droit romain, et les arbres censés appartenir aux riverains; mais ils sont soumis à l'application des règles de la grande voirie. Il en résulte que les riverains ne sont pas obligés de demander l'alignement pour planter le long des chemins de halage : on ne peut craindre un empiétement sur la propriété d'autrui ; les lois spéciales qui régissent la matière se bornent seulement à réprimer les travaux exécutés dans l'espace prohibé. (Ord. 8 fév. 1838, 24 août 1841.) Ce n'est que par exception qu'un décret du 29 mai 1808, concernant la police de la Sèvre, a soumis à cette obligation les riverains des cours d'eau spécialement désignés.

L'ordonnance de 1669 fixe à 24 pieds (7 m. 80) la largeur

(1) *Monit.* du 3 avril 1841.

du chemin de halage du côté où les bateaux se tirent ; cet espace doit rester libre. Il est défendu en outre de planter des arbres ou haies dans un deuxième espace de six pieds (1 m. 95).

Sur l'autre bord, la largeur du chemin de contre-halage doit être de 10 pieds (3 m. 25). Il y a des exceptions pour certaines rivières : ainsi le décret de 1808 prescrit l'établissement d'un chemin de 6 mètres de largeur, et défend de planter plus près de 10 mètres des rivages et des bords desdits chemins, sans en avoir demandé l'alignement et l'autorisation du préfet.

Si on n'a pas observé cette distance, le contrevenant peut être condamné à 500 livres d'amende, en vertu de l'ordonnance de 1669, à la confiscation des arbres et au rétablissement des lieux. Proudhon, *Dom. public*, p. 178, recommande aux conseils de préfecture de se montrer *paternels*, et d'arbitrer la condamnation *ex æquo et bono*, en tenant bien compte des circonstances de fait.

L'ordonnance de 1669, tit. 27, défend encore de faire aucuns plants d'arbres le long des rivières navigables, à peine de 1,000 fr. d'amende et d'arrachement des arbres. L'amende n'est que de 500 fr. pour les arbres plantés sur les chemins de halage. Le conseil d'État a décidé que l'article 101 du décret de 1811, qui défend aux propriétaires riverains des routes de couper les arbres sans autorisation, n'était pas applicable aux arbres plantés sur les chemins de halage. (Déc. 14 juin 1851.)

Si l'État était propriétaire du chemin de halage, les riverains ne pourraient se prétendre propriétaires des plantations qui s'y trouvent, qu'en prouvant les avoir faites ou acquises à titre onéreux (1).

_____

(1) Cass. 2 mai 1833.

Nous n'avons qu'un mot à dire sur la servitude de *martelage*. Le besoin de se procurer des bois pour la construction des navires avait été, dans notre ancienne jurisprudence, la cause de nombreuses dispositions (1) qui permettaient aux agents de la marine de marquer les arbres propres aux constructions navales, parmi ceux qui n'avaient pas été choisis par les agents forestiers pour croître en réserve. Cette servitude s'exerçait principalement dans les bois et forêts. La loi du 9 floréal an XI, art. 7, l'étendait aussi aux arbres épars. L'art. 124 du Code forestier a maintenu cette disposition, en la restreignant, pour les bois des particuliers et pour leurs arbres épars, à un délai de 10 ans. A partir du 1er août 1837, la propriété privée a été affranchie de cette servitude.

SECTION IV.

Des arbres envisagés au point de vue des servitudes militaires.

La loi du 10 juillet 1851, le décret portant règlement d'administration publique du 10 août 1853, imposent certaines restrictions au droit de propriété, dans l'intérêt de la défense des places de guerre ou des postes militaires. Les servitudes défensives autour des places et postes s'exercent sur les propriétés qui sont comprises dans trois zones commençant aux fortifications et s'étendant, la première à 250 mètres, la deuxième à 487 mètres, la troisième à 974 mètres pour les places de guerre, et 584 mètres pour les postes. (Art. 5, déc. 1853.)

Aux termes de l'art. 7, les haies vives et plantations d'arbres ou arbustes formant haies sont spécialement interdites dans la première zone. Dans les deux dernières, on ne

(1) Ord. de 1669, t. 26.—Arrêt 30 janv. 1725.—Loi 15 janv. 1791. —Arrêtés du gouv. 29 vend. an II et 29 floréal an II.

trouve dans le décret aucune défense de plantations d'arbres ; il faut en conclure qu'elles y sont tolérées.

Le conseil de préfecture est compétent pour prononcer les peines encourues par les contrevenants. Ce sont les gardes du génie qui constateront les contraventions dans des procès-verbaux qui font foi jusqu'à inscription de faux. Le conseil de préfecture pourra également ordonner que l'arbre sera arraché aux frais de celui qui l'a planté.

CHAPITRE II.

SECTION PREMIÈRE.

Des arbres plantés le long des chemins vicinaux.

Les lois anciennes qui obligeaient les riverains de planter sur les routes, ne s'appliquaient pas aux chemins vicinaux. La plantation était pour les seigneurs une faculté, mais elle ne pouvait s'exercer que dans l'intérieur du chemin ; ils avaient bien le droit de planter sur le sol des routes, mais non sur le sol des chemins vicinaux. Ce n'était que par abus de leur puissance qu'ils avaient quelquefois forcé les riverains à supporter ces plantations.

Il n'y avait pas de règle fixe pour l'alignement ; un arrêt du parlement de Paris, du 1er août 1751, défendait de réduire par des haies, fossés ou arbres, la largeur, qu'il fixait à seize pieds pour les chemins vicinaux, et à huit pour ceux de traverse. Les chemins de plus de vingt pieds pouvaient seuls avoir deux rangées d'arbres qui devaient, en outre, être élagués à quinze pieds de hauteur.

Quant aux distances à observer dans les plantations, on ne connaissait pas de règle uniforme ; on exigeait seulement qu'elles fussent faites à des distances telles, que les arbres ne pussent se nuire. Deux arrêts avaient bien été rendus, mais ils ne pouvaient avoir d'effet que dans l'étendue du ressort des parlements dont ils étaient émanés : l'un, rendu pour la Normandie, du 17 août 1751 ; l'autre, pour le Perche, du 28 avril 1671.

Un arrêt du 11 juillet 1759 (relaté dans notre ancienne jurisprudence) attribuait la propriété des arbres aux seigneurs.

L'article 1er de la loi du 15 août 1790 condamna leurs prétentions; il leur conservait la propriété des arbres qu'ils avaient eux-mêmes plantés dans les chemins , sauf, pour chaque riverain, la faculté d'acheter ceux qui se trouvaient devant leur héritage.

La loi du 28 août 1792 dépouille les seigneurs des arbres mêmes qu'ils prouveront avoir plantés.

Mais les riverains avaient-ils le droit de planter sur le sol du chemin vicinal? Les lois de 1790 et de 1792 ne le leur accordent pas formellement; faut-il en conclure qu'elles le leur refusent? Non. L'article 3 de la loi de 1790 attribue aux riverains *illégalement* dépossédés de leurs plantations une action contre le seigneur : ils avaient donc le droit de posséder et de planter des arbres sur le chemin. La loi de 1792 présume l'usurpation du seigneur, et , par suite , accorde aux riverains les arbres qu'ils avaient plantés sur le chemin en face leurs héritages. Qu'aurait donc usurpé le seigneur, si le riverain n'avait pas eu le droit de planter sur le chemin? Enfin la loi du 9 ventôse an XIII porte dans son article 7 : « Nul ne pourra planter *sur les bords des chemins vicinaux*, *même dans sa propriété*, sans leur conserver la largeur qui leur aura été fixée par l'article précédent. Un auteur conclut de ces mots : même dans sa propriété, que le riverain a le droit de planter sur le sol même du chemin. On peut trouver assez étrange qu'en plantant sur sa propriété, on puisse rétrécir le chemin, et qu'en plantant sur le chemin, on puisse conserver la largeur de la route. Pour expliquer cette disposition, on peut dire que la largeur du chemin n'a été qu'indiquée, que l'élargissement n'a pas été exécuté : le riverain ne doit pas planter sur la partie du terrain qui doit être réunie à la route. On peut supposer, pour expliquer la deuxième alternative, qu'il existe des chemins dont la largeur a été déterminée par l'administration de telle façon qu'il reste à droite et à gauche des portions de terrain sur lesquelles les riverains pourront planter. Les communes, enfin, n'ont peut-être pas pu planter ; les riverains doivent alors avoir ce droit. Mais si on accorde ce droit simultanément aux riverains et aux communes, en cas de concurrence, les communes devront obtenir la préférence, à cause de leur qualité de propriétaires Ce sera au préfet qu'il appartiendra de décider cette question, avec recours au ministre de l'intérieur : ce n'est, en effet, qu'une question d'utilité locale.

A quelle distance doit être faite la plantation du fonds riverain ? L'article 21 de la loi du 21 mai 1836 attribue compétence au préfet pour la régler.

Ainsi, pour le département de la Vienne, il existe un arrêté préfectoral qui est venu donner, à la date du 15 janvier 1855, un règlement général pour le service des chemins vicinaux.

L'article 297 de ce règlement porte que les alignements pour plantations d'arbres seront donnés par les maires pour les chemins vicinaux de petite communication, et par le préfet pour ceux de moyenne et de grande communication.

On doit observer une distance de 2 m. pour les pommiers et arbres formant parasol, une distance de 1 m. 50 c. pour les arbres qui croissent en forme pyramidale (art. 298). La distance des arbres entre eux ne peut être inférieure à

6 mètres (art 299). Les plantations antérieures et faites à des distances moindres sont respectées, mais elles ne peuvent se renouveler qu'en observant la distance prescrite par les articles précédents (art. 301). Les riverains ne peuvent planter sur le sol des chemins vicinaux ; les communes seules peuvent obtenir ce droit du préfet (art. 303 et 306).

La loi de 1836 n'a pas d'effet rétroactif ; elle ne peut donc atteindre les plantations qui existaient alors. Les préfets ne peuvent dès lors pas ordonner la destruction, en se fondant sur ce que les plantations ne sont pas à la distance voulue. (Cir. minist. sur l'art. 21, loi du 21 mai 1836.)

Quant aux plantations sur le sol même des chemins, la commune, dit M. de Cormenin, « peut, à quelque époque que ce soit, les faire disparaître ; ce n'est que l'application de l'article 555 Code Nap. »

Si l'administration veut que le chemin soit orné d'arbres, elle ne peut y contraindre les riverains ; elle peut faire planter, aux frais de la commune, sur le sol même du chemin, et non sur le terrain privé.

L'élagage annuel, de même que l'abatage, peuvent se faire sans l'autorisation de l'administration des ponts et chaussées. Le préfet a le droit de prescrire l'élagage des arbres et des haies qui bordent les chemins, et le recepage de leurs racines. Ce droit ne lui a jamais été contesté ; il dérive, au surplus, de l'article 21 de la loi de 1836 (1).

Il résulte d'une circulaire du ministre de l'intérieur, du 10 octobre 1839, fondée elle-même sur un avis inédit du conseil d'Etat émis à la date du 9 mai 1838, que la plantation faite, *le long des chemins vicinaux*, à des distances des bords de ces chemins ou avec un espacement moindres que

(1) *Voir* pour le département de la Vienne, l'arrêté du préfet sur les chemins vicinaux, du 15 janvier 1855, art. 313 à 320.

ceux voulus par le règlement, constitue une infraction à un arrêté de l'autorité administrative, et cette contravention doit être poursuivie devant le tribunal de simple police.

La plantation faite *sur le sol des chemins vicinaux* constitue une usurpation du sol de ces chemins, et cette contravention doit être poursuivie à la fois devant le conseil de préfecture, pour en obtenir la répression de l'usurpation, et devant le tribunal de simple police, pour en obtenir la condamnation à l'amende.

Mais les contestations qui s'élèvent relativement à la propriété des arbres plantés sur un chemin vicinal sont de la compétence des tribunaux ordinaires, encore que celui qui les a plantés y ait été autorisé par un arrêté préfectoral. (Ord. cons. d'Etat, 15 septembre 1831.)

De même un préfet, bien que compétent pour annuler l'arrêté par lequel un adjoint avait ordonné l'abatage d'arbres longeant une promenade publique, ne le serait pas pour statuer sur des dommages-intérêts dus à la commune à raison de cet abatage ; les tribunaux ordinaires seraient seuls compétents. (Ord. 6 mars 1828.)

SECTION II.

Des arbres des cimetières.

Les arbres plantés dans les cimetières sont, comme les cimetières eux-mêmes, réputés la propriété des communes (553 Code Nap.), sauf la preuve contraire.

Autrefois, les fruits de ces arbres appartenaient aux fabriques, et les marguilliers devaient les vendre ou recueillir pour l'utilité de l'église. (*T. de la police,* par de Fréminville,

p. 171 ; Duperray sur l'art. 22 de l'édit du mois d'avril 1695.)

M. Merlin pense que les produits des cimetières appartiennent, non aux fabriques, mais bien aux communes. Le décret du 30 décembre 1809 maintient les communes dans la propriété du fonds des cimetières ; mais il accorde aux fabriques les *produits spontanés* des terrains. Que doit-on comprendre par ces expressions ? Une lettre du ministre de l'intérieur , du 30 décembre 1839 , décide que , par les mots *produits spontanés*, on ne doit comprendre que les herbages, les buissons, les arbustes qui viennent sans semence ni culture ; que, par suite, un arbre abattu par le vent appartient à la commune, lors même qu'il aurait été planté par la fabrique, qui n'a droit qu'à une indemnité de la valeur de l'arbre à l'époque où il a été planté, aux termes de l'article 555 Code Nap.

Le conseil d'Etat a restreint cette interprétation. et il entend sous cette expression : *produits spontanés* , tout ce qui vient naturellement, sans que la main de l'homme l'ait planté ou semé. Un avis du 22 janvier 1841 divise ces arbres en quatre catégories : 1° ceux qui ont crû spontanément dans le cimetière ; 2° ceux qui ont été plantés par la commune conformément au décret du 23 prairial an XII, qui leur en faisait l'injonction formelle ; 3° ceux qui ont crû dans les haies servant de clôture ; 4° ceux qui existaient sur le sol avant l'établissement du cimetière. Les fabriques pourront réclamer les premiers : ce sont des produits spontanés ; les communes seront propriétaires des arbres des trois dernières catégories, et auront, par conséquent, droit à leurs fruits et émondages.

On convient assez généralement que si la fabrique prend les produits spontanés, la charge d'entretien sera une charge de cette jouissance, et qu'elle devra appliquer les produits qu'elle retirera à l'entretien du cimetière.

Des arbres plantés sur les places et les rues.

Les places et rues participent de la nature des chemins, quand elles n'en sont que le prolongement. Celles qui font suite à de grandes routes sont régies par les règles de la grande voirie; celles qui font suite aux chemins vicinaux reçoivent l'application des règles de la petite voirie. Il faut remarquer que cela n'est vrai que pour la partie de la place qui est censée continuer la route; tout ce qui se trouve en dehors rentre dans l'application des règles de la voirie urbaine.

La plantation des rues et places n'avait été, dans l'ancienne jurisprudence, l'objet que d'un seul arrêt du 1ᵉʳ août 1750, rapporté par Denizart dans les *Actes de notoriété* du Châtelet de Paris. Il déterminait la distance qui doit séparer les arbres des murs, et l'espace qui doit exister entre eux.

La loi de 1790 (26 juillet) abolit les droits des seigneurs sur les arbres plantés dans les rues et places; la loi du 28 août 1792 dit dans son article 15 : « Tous les arbres actuellement existant sur les places des villes et villages et autres biens dont les communautés ont ou recouvreront la propriété, sont censés appartenir aux communautés, sans préjudice des droits que des particuliers non seigneurs pourraient y avoir acquis par titre ou possession. Article 16 : Dans le cas où les arbres ont été plantés par les ci-devant seigneurs, les communautés et les riverains ne seront tenus à aucune indemnité ni à aucun remboursement pour frais de plantations ou autres. » On a jugé que ces articles ne s'appliquaient qu'aux ci-devant seigneurs qui possédaient à ce titre, et non aux particuliers qui avaient acquis d'eux ; d'où il résultait que les communes, pour avoir les arbres, étaient tenues d'en payer le prix aux particuliers acquéreurs. (Cons. de préf. de l'Indre, 16 juillet 1808.)

Cette loi de 1792 ne s'applique qu'aux arbres existant lors de sa promulgation ; pour les plantations nouvelles, il faut suivre les lois postérieures. Or aujourd'hui, et notamment aux termes de la loi du 11 frimaire an VII, les rues et places publiques sont, comme les chemins vicinaux, la propriété des communes ; les communes sont donc présumées de plein droit propriétaires des arbres qui s'y trouvent (553 Code Nap.). Mais cette présomption peut céder à un droit réel contraire ; les riverains peuvent être admis à faire preuve de leurs droits de propriété sur les arbres.

L'article 15 de la loi de 1792 ne parle que des arbres existant sur *les places ;* il a fourni matière à une distinction entre les arbres des rues et les arbres des places. Les premiers, antérieurs à la loi de 1792, sont présumés appartenir aux riverains ; la commune ne remplace le seigneur que pour les arbres des places. On envisage les places comme une propriété communale, comme ne faisant pas partie de la voie publique ordinaire, puisque la jouissance peut en être refusée au public, qu'elles sont susceptibles de location, et qu'elles peuvent même être entourées d'un mur de clôture.

Ce sera l'autorité administrative qui fixera, dans les localités, la distance à observer dans la plantation des arbres et l'espace qu'il faut laisser entre chaque pied d'arbre.

Tel est l'ensemble des dispositions de notre droit administratif sur cette importante matière des arbres épars.

POSITIONS.

DROIT ROMAIN.

I. Quand la violence d'un fleuve a jeté un fragment de terrain contre un champ voisin, le propriétaire de ce fragment ne perdra que son droit à la propriété des arbres qui auront envoyé leurs racines dans le fonds limitrophe.

II. Un propriétaire qui aura planté de bonne foi son arbre dans le terrain d'autrui ne pourra plus opposer l'exception de dol pour se faire indemniser de ses dépenses, s'il n'est plus en possession du terrain.

III. Le vendeur d'un fonds de terre peut exercer l'action *de arboribus furtim cæsis*.

IV. On peut cumuler les actions pénales qui naissent d'un même délit, pour faire appliquer intégralement toutes les peines.

DROIT FRANÇAIS.

Code Napoléon.

I. Un propriétaire peut faire arracher à son voisin un arbre de l'espèce des arbres à haute tige qui n'a que quelques centimètres de hauteur, et qui vient d'être planté en deçà des deux mètres de distance exigés par l'article 671 Code Nap.

II. La prohibition de planter les arbres en deçà de la distance légale n'est pas une servitude, mais un mode d'exercice du droit de propriété.

III. La prescription acquise d'avoir des arbres plantés en deçà de la distance légale n'entraîne pas, comme conséquence, le droit de les replanter lorsque les premiers arbres sont morts ou arrachés par la tempête.

IV. Un propriétaire ne peut perdre, par l'effet de la prescription, le droit de faire élaguer les branches de l'arbre du voisin.

V. Un propriétaire d'un arbre a le droit de réclamer un droit de passage sur le fonds voisin pour aller ramasser les fruits de son arbre.

VI. Un propriétaire ne peut retenir, sans payer d'indemnité, des plantations faites par l'usufruitier.

Procédure.

I. Le juge de paix ne serait pas compétent pour statuer sur l'exception de prescription qu'un voisin défendeur à l'action en élagage pourrait opposer.

II. Un arbre peut être l'objet d'une action possessoire.

Code de commerce.

La rupture d'un mât de navire (arbor navis) est une avarie particulière, lorsqu'elle est causée par un coup de vent; s'il était nécessaire de le jeter à la mer et si on l'a fait, après délibération, pour le salut commun, la perte du mât est avarie commune.

Code pénal.

I. Les arbustes ne sont pas compris dans la disposition des articles 445 et suiv. Code pén.

II. Les tribunaux doivent déclarer dans leurs jugements que le délinquant savait que l'arbre coupé appartenait à autrui.

III. Celui qui écorce un arbre planté sur la route doit être puni comme celui qui l'abat.

Droit administratif.

I. Si, sous l'empire du décret du 16 décembre 1811, l'Etat avait vendu des arbres sur la foi d'une interprétation de propriété faite en sa faveur, les particuliers, depuis la loi du 12 mai 1825, ne seraient pas fondés à venir en réclamer le prix de la vente de l'Etat lui-même, s'il l'avait touché, ni des acquéreurs, s'ils ne l'avaient pas payé.

II. La décision qui a rejeté la demande de la propriété des arbres plantés sur les routes, que les particuliers faisaient sous l'empire du décret de 1811, par cela seul que les termes du décret étaient absolus, ne ferait pas obstacle à une nouvelle demande de leur part, sous l'empire de la loi de 1825.

III. L'administration, en prescrivant des distances entre les arbres pour leur plantation le long des routes ou des chemins, peut contraindre un riverain à ne pas observer la disposition de l'art. 671 Code Nap.

Code forestier.

L'art. 672 Code Nap. est applicable aux forêts.

TABLE DES MATIÈRES.

PREMIÈRE PARTIE.

DROIT ROMAIN.

DEUXIÈME PARTIE.

ANCIENNE JURISPRUDENCE.

TROISIÈME PARTIE.

DROIT MODERNE.

DROIT CIVIL.

PROCÉDURE.

DROIT PÉNAL.

DROIT ADMINISTRATIF.

FIN DE LA TABLE.

Poitiers.—Typ. de A. Dupré.

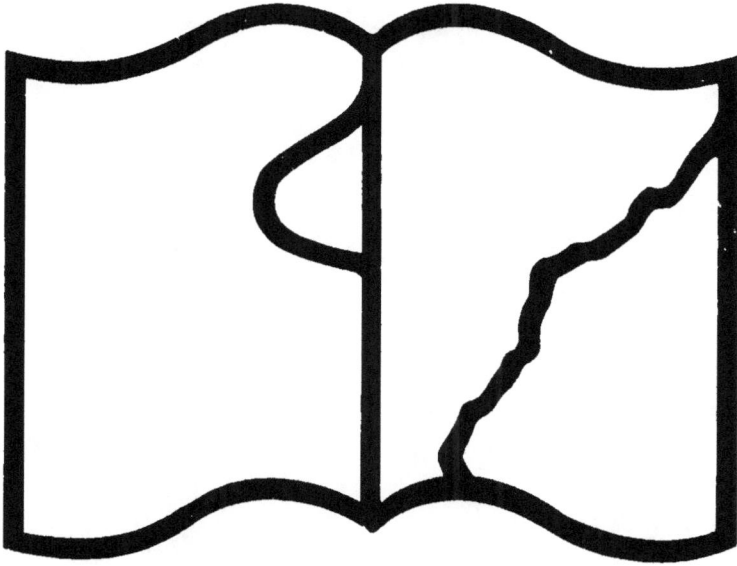

Texte détérioré — reliure défectueuse

NF Z 43-120-11